John Andrisani

Der TIGER-WOODS Power-Swing

Das Geheimnis seiner Technik

Aus dem Amerikanischen von Isabelle Sirsch

Deutsche Erstausgabe

WILHELM HEYNE VERLAG
MÜNCHEN

HEYNE SACHBUCH
19/590

Titel der amerikanischen Originalausgabe:
THE TIGER WOODS WAY
Erschienen 1997 bei Crown Publishers, New York

Umwelthinweis:
Dieses Buch wurde auf chlor- und säurefreiem Papier gedruckt.

Fachlektorat: Rainer Sirsch
Redaktion: Barbara Hörmann

Printed in Germany 1997
Umschlagillustration: Focus on Sports, New York und Leonard Kamsler
Umschlaggestaltung: Atelier Adolf Bachmann, Reischach
Technische Betreuung: S. Hartl
Satz: ew print & medien service gmbh, Würzburg
Druck und Verarbeitung: Ebner Ulm

ISBN 3-453-13621-7

Inhalt

John Andrisani schreibt regelmäßig für das amerikanische *GOLF Magazine*. Der ehemalige Golflehrer war bereits Co-Autor bei einigen Golfbüchern: zusammen mit Sandy Lyle, Steve Ballesteros, Fred Couples, John Daly und Claude »Butch« Harmon, dem Lehrer von Tiger Woods. Heute lebt der Kurs-Rekordhalter und einstige Gewinner der World Golf Writers' Championship in Orlando, Florida.

Leonard Kamsler arbeitet als Photograph in New York. Seine Arbeiten erscheinen regelmäßig im *GOLF Magazine*.

Allen Welkis ist Illustrator. Er arbeitet häufig für das *GOLF Magazine* und hat bereits einige Preise für seine Illustrationen gewonnen.

DANKSAGUNG

Ich möchte mich gerne bei meinem Agenten Scott Waxman und bei Steve Ross, dem Herausgeber des Crown, bedanken, die an meine Idee glaubten, ein Buch über das Geheimnis von Tiger Woods' Power-Swing zu schreiben.

Besonderer Dank geht an Dakila Divina, eine sehr kluge Redakteurin bei Crown, die mich unterstützt hat, das bestmögliche zu schaffen.

Ich danke Leonard Kamsler für seine wundervollen Photographien von Tigers Schwung und dem Künstler Allen Welkis für seine ausgezeichneten Zeichnungen.

Obwohl ich Tiger Woods' Eltern nicht persönlich kenne, möchte ich ihnen danken, der Golfwelt einen so geschliffenen jungen Sieger gegeben zu haben, der dieses große Spiel wahrlich noch größer macht.

Ich danke allen Golflehrern und Tour-Pros für ihre Kommentare, insbesondere Jim McLean, der das Vorwort dieses Buches geschrieben hat. Meine tiefste Dankbarkeit gilt Butch Harmon, nicht nur weil er Tiger Woods zu einem Weltklassespieler geformt hat, sondern auch, weil er seine Kenntnisse über die Schwungtechnik über Jahre hinweg mit mir geteilt hat.

Außerdem danke ich meiner Typistin Patti Bills, die niemals wegen einer Abgabefrist in Panik geriet.

Zuletzt ein herzliches Dankeschön an Deborah Atkinson, die sich mit meinen langen Nächten am Computer abgefunden hat.

Vorwort

Tiger Woods ist mit 21 Jahren in jeder Hinsicht seines Spiels wahrscheinlich besser als jeder, der jemals Golf gespielt hat. So gut ist Tiger Woods.

John Andrisani schreibt schon mehr als 20 Jahre über Golf, inklusive der 15 Jahre für das *GOLF Magazine*. Er ist ein überaus produktiver Schreiber, der immer mit kreativen Ideen aufwartet. John hat auch zahlreiche Bücher mit erstklassigen Tour-Spielern und mit einigen Golflehrern, z. B. mit Butch Harmon und mir, geschrieben. Es steht außer Frage, daß das Schreiben über Golf für ihn eine alles verzehrende Leidenschaft ist. John hat schon über fast jedes Thema im Golf geschrieben. Also ist ein Buch über den besten Spieler in der Geschichte dieses Sports nur natürlich. Über Tiger werden viele Bücher geschrieben, doch was seine Kraftgeheimnisse anbelangt, bin ich sicher, daß Sie von John einige sehr interessante Konzepte erfahren werden, an die noch kein anderer gedacht hat. Seine jahrelange Schreiberfahrung und seine Kompetenz im Golf machen dieses Buch über Tiger zum Muß.

Während wir Tiger analysierten, sprachen John und ich viele Male über seinen rasanten Aufstieg. Er scheint jedes Jahr, jeden Monat und fast jede Woche etwas Phänomenales zu vollbringen.

Noch kein Golfspieler hat soviel Aufregung verursacht wie Tiger. Er ist der Michael Jordan, Larry Bird, Sandy Koufax, Muhammed Ali, Ken Griffey des Golf.

Seine Fans wollen ihn einfach nur sehen, ihn anfassen oder mit ihm sprechen. Seine großartigen Schläge sind noch sensationeller, noch inspirierender und noch unglaublicher als alles andere, was die Golfwelt jemals gesehen hat. Die Reaktion der Menge gibt einem das Gefühl, als sei man beim Super Bowl, bei einer World Series oder bei einem NCAA-Finale.

Arnold Palmer hatte das gleiche Charisma wie Tiger. Bobby Jones hatte die gleiche rhythmische Körperbewegung. Ben Hogan hatte den gleichen vollkommenen Durchblick. Sam Snead hatte die gleiche Qua-

lität der Sportlichkeit. Lanny Wadkins hatte das gleiche Selbstbewußtsein. Jonny Miller hatte die gleiche Genauigkeit. Jack Nicklaus hatte die gleiche mentale Kraft. Nick Faldo hat die gleiche Effizienz. Tiger Woods hat alle diese Eigenschaften.

Wir haben alle auf den neuen Nicklaus gewartet – und es gab einige vielversprechende junge Spieler – doch Tiger ist wahrhaftig der erste, bei dem jeder weiß, was er kann. Jeder, der ihn persönlich spielen sieht, erkennt seine Größe.

Ich habe das Spiel von vier Spielern in vier Kategorien auf einer Skala von 1–10 bewertet:

1. Das lange Spiel
2. Das kurze Spiel
3. Das mentale Spiel
4. Kursmanagement

Ein Tour-Spieler könnte in drei von vier Kategorien gut sein und mit Golf Geld verdienen. Ist er jedoch in zwei Kategorien schwach, hat er keine Chance, egal wie gut er in den anderen zwei sein mag. Die großen Spieler sind auf allen vier Gebieten sehr gut. Die größten Spieler aller Zeiten waren in allen vier Kategorien spitze. Schon jetzt erzielt Tiger in allen vier Teilen die höchstmögliche Bewertung. Hier folgt eine detailliertere Aufteilung seines Spiels:

Abschlag	10	sehr lang (der längste überhaupt) und sehr genau
Fairway Hölzer	10	braucht sie aber nie
Lange Eisen	10	Jack Nicklaus ebenbürtig
Mittlere Eisen	10	trifft jeden Schlag fest
Kurze Eisen	10	hat den Knockdown gemeistert
Spiel mit Sandeisen	10	sehr gut und verbessert sich weiter
Chippen	10	versenkt viele
Putten	10	ähnlich wie Jack, trifft die langen Putts
Mentales Spiel	10	mentale Stärke eines Kriegers
Visuelle Kraft	10	sieht den Schlag vorm geistigen Auge, ehe er ausholt

Fassung	10	liebt die Hitze
Entspannungstechnik	10	scheint in schwierigen Situationen immer voll konzentriert zu sein
Kursmanagement	10	macht keine dummen Fehler

Tiger besitzt einen unglaublichen Willen zum Siegen und ist vollkommen furchtlos. Dies sind Eigenschaften, die nur bei den Spitzensportlern zu finden sind. Er verfügt über einen sechsten Sinn, der ihn befähigt, in den kritischsten Momenten Dinge einfach »passieren« zu lassen. Seine Fans wissen schon, daß es Tiger irgendwo und irgendwie auf der Strecke geschehen lassen wird.

Aber das, was Tigers Dominanz auf dem Kurs bestimmt, sind die Geschwindigkeit und die explosive Kraft seines Schwungs.

Dieses Buch wird erklären, wie dieser junge Ausnahmesportler den Ball mit Hölzern und Eisen so weit schlagen kann. Wenn nur ein kleiner Teil von Tigers Können auf Sie abfärbt, können Sie sich bald auf jedem Kurs, den Sie spielen, verbessern.

Jim McLean
Doral Golf Resort and Spa
Miami, Florida

Einführung

Ein Teil der fünfziger und die frühen sechziger Jahre bescherten Arnold Palmer glorreiche Tage. Er gewann zahlreiche Turniere, aber keines, das so viel zählt wie die Major Championships, die von den Pros so begehrt sind. Palmer gewann 1958 und 1960 das Masters, 1960 die U.S. Open, 1961 und 1962 die British Open, 1962 und 1964 wiederum das Masters. In diesen Tagen war »Arnie« – jeder Golfer hatte das Gefühl, ihn persönlich zu kennen – *der* Spieler. Die Menge, die ihn auf jeder Runde von Loch zu Loch begleitete, war so groß, daß man sie im allgemeinen als »Arnies Armee« bezeichnete.

Jeder Golfbegeisterte, der mit Palmer aufwuchs und ihn verehrte, hatte eine Abneigung gegen Jack Nicklaus, denn er besiegte unseren scheinbar unüberwindbaren und unsterblichen Arnie.

Ich hätte nie gedacht, daß ich den Tag erleben sollte, an dem Arnie nur Zweitbester wurde, aber es passierte als Jack Nicklaus ihn 1962 bei den U.S. Open besiegte. Von diesem Moment an wußten wir, daß Arnies Tage gezählt waren.

Nicklaus beherrschte das Golfgeschehen Mitte der sechziger und während der siebziger Jahre. Dann kam natürlich sein unglaublicher Sieg bei den Masters 1986, als viele schon glaubten, seine besten Tage seien vorbei.

Während seiner Blütezeit schien es so, als würde Nicklaus, ähnlich wie Palmer, für immer und ewig der Überlegene auf der PGA-Tour bleiben. Er schien unsterblich zu sein. Die großen Fans von Arnie, die nun auch Jack verehrten, glaubten, daß, wenn Leute wie Lee Trevino und Tom Watson ihn nicht von seinem hohen Podest werfen konnten, es keiner schaffte.

Nun, jetzt hat es jemand getan. Tiger Woods ist erst 21 Jahre alt, wird aber schon als der nächste Jack Nicklaus gehandelt. Der »Bär« gibt selbst zu, daß der »Tiger der Favorit der nächsten 20 Jahre sein wird«.

Das Überraschende an Tiger Woods ist, daß er so plötzlich auf der Bildfläche auftauchte. An einem Tag noch war er der begabte Amateur, vom dem viele Golfer bisher nie etwas gehört hatten, am nächsten Tag war er ein Pro, den die ganze Welt zu kennen schien. So ist es im Sport.

Tiger hat bereits bewiesen, daß er kein einmaliger Gewinner ist. Er ist schon so bekannt, daß die Zuschauerzahl auch bei weniger bekannten Turnieren um mindestens ein Drittel wächst, wenn er mit von der Partie ist. Jeder in »Tigers Menge« möchte sein Autogramm. Jeder will den Mann mit dem schnellsten Schlägerkopf erleben. Das ist so ähnlich wie im Wilden Westen, wenn ein neuer Revolverheld in die Stadt kam, nur anstatt einer Schießerei bestaunen die Zuschauer Tigers 275-Meter-Drives.

Wenn wir heutzutage an Golf denken, dann denken wir automatisch an Tiger, so wie uns früher Arnie und Jack einfielen, die einst berühmter waren als der Golfsport selbst. Tiger ist unser neues Golfidol, weil er zufälligerweise den wirkungsvollsten Power-Swing im Golf hat. Mehr noch: Laut Claude »Butch« Harmon Jr., Tigers Lehrer, ist Tigers Methode so einfach zu wiederholen, daß sie »für jeden Amateur, egal welches Talent er besitzt, anwendbar ist«.

Als ehemaliger Golflehrer kann ich die Frustration von Amateuren verstehen. Der Grund, warum sich Clubniveau-Spieler in den letzten 100 Jahren nicht viel verbessert haben, liegt darin, daß man ihnen noch keine Schwungtechnik gezeigt hat, die das ergänzt, was sie auf ganz natürliche Weise machen wollen. Statt dessen verändern viele Lehrer die vorhandenen Schwünge ihrer Schüler vollkommen und erwarten von ihnen, daß sie die Methode der Top-Profis kopieren, die jeden Tag stundenlang üben, um eine mechanische Technik zu entwickeln. Der Durchschnittsspieler ist nicht mit einer exakten Augen-Hand-Koordination gesegnet und hat auch nicht die körperlichen Fähigkeiten, sich eine solche Methode anzueignen. Er muß den Schwung lernen, der sich natürlich anfühlt, ein Minimum an Übungszeit in Anspruch nimmt und einfach zu wiederholen ist. Tiger Woods ist das ultimative Beispiel für jeden. Denn als Tiger mit Golf anfing, merkte er genau, daß er nicht exakt den Schwung von sagen wir mal Jack Nicklaus oder Ben Hogan kopieren konnte. Also nahm er das beste von den Besten. Er kopierte alles, was sich natürlich anfühlte. Er wußte, daß dies der einzige Weg war, einen Schwung zu entwickeln, auf den er sich auch verlassen konnte, wenn er unter Druck geriet.

Tigers Setup ist unorthodox, aber gerade deswegen wird es sich für den durchschnittlichen Amateur gut anfühlen, der danach strebt, sich schnell zu verbessern. Ein Beispiel: Tiger plaziert seine Hände hinter dem Ball und spielt aus einer besonders breiten Stellung. Das sind Positionen, die einem Spieler helfen, einen noch kraftvolleren Schwungbogen zu entwickeln – und zwar fast automatisch. Der durchschnittliche Golfer hat es satt, nach dem Buch zu spielen und nichts zu erreichen. Tigers Setup, besonders das Geheimnis der Anordnung seiner Füße und Schultern, wird Ihnen helfen, den Ball mindestens 20 Meter länger zu schlagen, egal ob mit Hölzern oder Eisen.

Tigers Rückschwung ist auch kürzer, und wenn Sie ihn nachmachen, werden Sie eine bessere Kontrolle erlangen. Mehr noch, indem Sie seinen Abschwung kopieren und lernen, wie Sie Ihre Hüften noch mehr freisetzen und den Schlägerkopf vor, während und nach dem Treffmoment nahe am Boden führen, werden Ihre Schläge wesentlich mehr an Kraft gewinnen.

Vieles von dem, was ich für Tigers Geheimnisse halte, ist in diesem Buch beschrieben. Es gibt auch einfache Übungen, um den Lernprozeß zu beschleunigen. Ehrlich gesagt werden Sie nicht in der Lage sein, jede Schwungposition so genau nachzumachen, um der nächste Tiger Woods zu werden. Aber wenn Sie sich nur einige von Tigers Schlüsselelemente aneignen und diese in Ihren vorhandenen Schwung einbauen, werden Sie einen stärkeren Rückschwung entwickeln und eine so kraftvolle, schraubende Bewegung in Ihrem Abschwung erlangen, daß Sie Ihren Ball außer Sichtweite schlagen. Das verspreche ich Ihnen.

John Andrisani

Tigers unorthodoxer Setup wird charakterisiert durch eine extrem breite, geschlossene Haltung und eine Handhaltung, die hinter dem Ball liegt. Dies begünstigt einen ausgesprochen kraftvollen Schwung.

SCHLAGVORBEREITUNG

**Tigers Ansprechposition ist sehr »harmonisch«
und gleicht der von Hogan und Nicklaus. Ergänzt
durch einen individuellen Aufbau, bringt ihn dies
in eine eigene Power-Drive-Kategorie, die er mit nur
einer ehemaligen Golfgröße teilt.**

Der Sportpsychologe Bob Rotella erklärt:»Golf ist kein Spiel für Perfektionisten.« Aber sagen Sie Tiger Woods nicht, daß der Schwung nicht beherrscht werden kann. Wenn er den Ball schlägt, ist er perfekt. Sein Schwung ist so explosiv und kraftvoll, daß das laute, fegende Geräusch seiner Abschläge Bilder vom Start eines Indy 500 oder eines Space Shuttle hervorruft. Tiger ist Kraft in Aktion. Jeder aggressive Schlag, den er macht, frustriert alle die Golfer, die den Ball nicht aus ihrem Schatten spielen können. Jedes Mal, wenn Tiger den Schläger schwingt und 275-Meter-Drives über 30 Meter hohe Bäume über ein Dogleg fliegen läßt – erfahren die Durchschnitts-Hacker einen starken Adrenalinstoß. Ich finde das Leben wundervoll, wenn Tiger einen Meisterschaftskurs bezwingt und Par-4-Löcher mit dem Abschlag und Par-5-Löcher mit nur zwei Schlägen erreicht.

Genauso wie Sie war ich neugierig auf Tigers Schwunggeheimnisse. Ich wollte wissen, wie dieser große, schlanke junge Mann den Ball außer Sichtweite schlagen konnte, noch ehe ich las, daß Titleist Tiger getestet hatte und herausfand, daß er den Ball so perfekt und konsequent traf, wie es nur menschenmöglich ist.

Ich wußte schon, daß er eine große Schlägerkopfgeschwindigkeit erzeugen konnte. Ich wußte auch, daß er ein tolles Gleichgewicht besaß und daß sein Schwung perfekt getimt und rhythmisch hervorragend war. Nick Faldo, die Sensation der PGA-Tour, war vor allem von Tigers unglaublicher Schulterdrehung beeindruckt. Der Gurulehrer

Jim McLean führte an, daß Tigers X-Faktor-Differenz (Vergrößerung des Winkels zwischen dem Schulter- und Hüftschwung) und eine unheimliche Begabung, beim Abschwung seine Körpermitte zum Ziel zu drehen, zwei seiner größten physischen Vorzüge seien. Derek Hardy, einer der 100 besten Golflehrer des *GOLF Magazine*, sagte, daß Tigers Abschwung so perfekt sei, daß er ihn an die Golfschwungmaschine, die die Golfcraft Company vor 30 Jahren zum Testen benutzt hatte, erinnerte. Andere Lehrer führen Tigers erstklassige Fußarbeit, die Armgeschwindigkeit und den späten Treffmoment an. Ich kann mich sogar daran erinnern, eine Titelstory von Kip Puterbaugh im *Golf Digest* gelesen zu haben, wo er erklärt, daß Tiger so große Kraft entwickeln kann, indem er durch Drehung seiner Hüften und Abwendung seines Rückgrates vom Ziel ein »V« bildet.

Butch Harmon vermittelte mir etwas genauer, was Tigers Power-Swing ausmacht, als wir an »*The Four Cornerstones of Winning Golf*« und an einem verständlichen Lehrartikel für das *GOLF Magazine* zusammenarbeiteten. In der Tat dachte ich, er hätte Tigers Schwung bis ins kleinste Detail analysiert. Trotzdem hatte ich das ungute Gefühl, daß da noch etwas fehlte. Das einzige, was Tiger selbst der golfenden Öffentlichkeit preisgab, war der Hinweis, daß sein Wahnsinnsschwung ein bißchen von diesem und ein bißchen von jenem Spiel der besten Golfer beinhalte. Das ergab zumindest einen Sinn, denn ich wußte, daß Butch Wert darauf legt, seinen Schülern Filme und Photos von den Schwüngen großer Golfer zu zeigen.

Ich wurde noch frustrierter, als nicht einmal einige Lehrer, Tour-Pros und Fernseh-Golf-Analytiker herausfanden, was außerdem dahintersteckt. Ich mußte wissen, was das Geheimnis von Tigers Schwungtechnik war. Also beschloß ich, meine eigene Studie durchzuführen.

Um mich kurz zu fassen: Ich fand heraus, daß Tiger mehr als ein Kraftgeheimnis hat. Und die Behauptung, daß seine Ansprechposition nahezu identisch ist mit der eines ehemals großartigen Spielers, ist unhaltbar. Kein anderer heutiger PGA-Tour-Spieler hat das gleiche Setup. Mehr davon später in diesem Kapitel.

Es gibt auch Elemente in Tigers Schwung, die denen von Ben Hogan und Jack Nicklaus gleichen. Zwei großartige Spieler, die nicht so orthodox sind, wie man meinen könnte. Wie Sie feststellen werden, ist auch Tiger kein Fundamentalist.

Ich werde beweisen, daß Tiger in der Tat sehr unorthodox spielt. Und ich werde das Geheimnis seines Setups und andere individuelle Schlüsselelemente, die es ihm ermöglichen, den Ball so kraftvoll zu schlagen, mit Ihnen teilen. Das ist kein Unsinn, sondern eine Tatsache. Aber um die besondere Qualität von Tigers einzigartigem Setup anerkennen zu können, ist es wichtig, daß Sie einige grundsätzliche Hintergrundinformationen über das Setup bekommen und die Ansichten von Ben Hogan und Jack Nicklaus über Techniken und ihren eigenen Schwung kennen, da beide Tiger stark beeinflußt haben.

Die Basics

Seitdem vor 600 Jahren auf den Dünen von St. Andrews in Schottland das erste Golfspiel stattfand, nennt man die Setup-Position also die Art, wie der Spieler zum Ball steht, den Körper und Schläger ausrichtet, den »engine room« des Schwungs, und dies aus gutem Grund. Das Setup oder die Ansprechposition, wie es auch genannt wird, legt im voraus fest, welche Art von Schwungbewegung ein Spieler ausüben wird, und ist damit die Grundlage für die folgende Schlagform. Theoretisch ist es so: Wenn das Setup eines Spielers »offen« ist (Füße, Knie, Hüften und Schultern zeigen stark links vom Ziel), dann hat der Spieler die Tendenz, den Schläger auf einem fehlerhaften Weg von außen nach innen zu schwingen, im Treffmoment dem Ball Schnitt zu geben und einen Slice zu spielen. Wenn der Spieler eine übertrieben »geschlossene« Haltung einnimmt (Körper zeigt stark rechts vom Ziel), ist die Tendenz groß, den Schläger in einer flachen Bewegung zu führen (besonders, wenn die Griffhaltung sehr stark ist) und somit Probleme mit der Richtung das Schlages zu bekommen. Abhängig von der Geschwindigkeit der Hände des Spielers könnte der Schlag variieren, von einem Block zu einem leichten Draw bis hin zu einem Hook.

Die meisten Golflehrer bringen ihren Schülern die folgende Technik bei:
• Den Ball so auf das Tee setzen, daß mindestens die Hälfte davon über den Schlägerkopf ragt.

- Den Ball gegenüber der linken Ferse abschlagen; nehmen Sie ihn leicht zurück, wenn der Schläger kürzer wird, um mehr Loft zu bekommen.
- Nehmen Sie einen neutralen Griff ein, bei dem die Handflächen parallel sind.
- Greifen Sie den Schläger fester mit den letzten drei Fingern der linken Hand und den zwei mittleren der rechten Hand.
- Stellen Sie den Schlägerkopf sanft auf den Boden, so daß der »Sweetspot« oder die Mitte der Schlagfläche sich im rechten Winkel zur Ballziellinie befindet.
- Die Hände auf gleicher Höhe in Schlagrichtung mit dem Ball positionieren.
- Den linken Arm strecken, so daß er eine entspannte Verlängerung vom Schläger ist.
- Den rechten Arm beugen und den Ellbogen nahe am Körper halten.
- Füße schulterbreit zum Drive auseinanderstellen und dann die Stellung etwas verengen, wenn der Schläger kürzer wird.
- Drehen Sie die linke Fußspitze 30 Grad nach außen und die rechte 20 Grad.
- Das Körpergewicht gleichmäßig auf die Ballen jedes Fußes verteilen.
- Knie leicht beugen.
- In der Hüfte beugen.

Tiger stellt den Schläger rechtwinklig hinter den Ball, hält jedoch die Schlägersohle über dem Boden. Wenn er aufteet, ist auch weniger als die Hälfte des Balles über der Schlagfläche. Sein Griff ist nicht neutral, sondern stark. Wenn er greift, behält Tiger einen gleichmäßigen Druck in allen Fingern bei und bei Standardschlägen hält er den Schläger niemals besonders fest. Weil er beim Setup seine Hände hinter dem Ball hat – nicht auf gleicher Höhe –, ist der Schläger keine Verlängerung seines linken Armes. Und seine Füße stehen mehr als schulterbreit auseinander. Kurz gesagt: Tiger interessiert sich kaum für diese Liste von Basics, und das erklärt auch, warum er den Ball so kraftvoll schlagen kann.

Diese »Basics« sind so zusammengestellt, daß sie einem Schüler helfen, einen geraden Schlag auszuführen. Die Ironie liegt darin, daß es in der Geschichte des Golfs immer großartige Spieler gegeben hat,

die es vorzogen, ihr Setup nicht nach »dem Lehrbuch« vorzunehmen. Der Grund dafür ist, daß sie glauben, daß der schwerste Schlag im Golf der Schlag geradeaus ist. Ferner sind sie der Meinung, daß das üblicherweise gelehrte Setup unnatürlich und deswegen sehr einschränkend ist.

Lee Trevino gilt als das klassische Beispiel eines On-Course-Rebells. Schon seine ganze Golferkarriere hindurch spielt er einen kontrollierten Fade. Das einzige Problem ist, daß sein übertrieben offenes Setup und sein einzigartiger Schwung so unorthodox und persönlich sind, daß Golflehrer ihren Schülern nicht empfehlen, ihm nachzueifern. Versuchen auch Sie es nicht, es sei denn, Sie sind mit einer ausgezeichneten Hand-Augen-Koordination gesegnet und können jeden Tag viele Stunden zum Üben aufwenden.

Ben Hogan, bekannt für seine guten langen Schläge, und Jack Nicklaus, der größte Spieler aller Zeiten, zogen es ebenfalls vor, die festgelegten Grundlagen nicht anzunehmen. Durch ständiges Ausprobieren entwickelte jeder von ihnen seine eigene Setup-Position, um einen kraftvollen Fade zu produzieren, der schnell auf dem Fairway und auf dem Grün anhält. Während der letzten 50 Jahre haben diese beiden »Legenden« das Spiel von Profis und Amateuren beeinflußt. Es gab jedoch, wie wir bald sehen werden, nur einen Golfer auf dieser Erde, der schlau genug war zu erkennen, daß nur Hogan und Nicklaus sich auf ihre jeweils individuelle Art aufstellen und schwingen konnten. Dieser junge Spieler war so erfinderisch, daß er ohne fremde Hilfe ein bißchen von Hogans Setup und ein bißchen von Nicklaus' Setup kopierte. Dies gab ihm die Möglichkeit, Rekorde aufzustellen und die Amateurwelt so zu beherrschen, wie vor ihm kein anderer. Sein Name: Tiger Woods.

Ben Hogan: Der Mann, die Methode, ein Modell für Tiger

Eine Legende schon zu Lebzeiten, gewann Hogan zwischen 1938 und 1959 57 Tour-Events, davon zwölf allein im Jahr 1946 und vier oder mehr in sechs weiteren Jahren zwischen 1940 und 1948. »Der Falke« ist einer von nur vier Spielern, die es geschafft haben, alle vier World

Major Championships zu gewinnen: das Masters, die U.S. Open, die Open Championship (Britisch) und die PGA-Championship. Alles in allem siegte Hogan in neun Majors. Der Höhepunkt seiner Karriere war 1953, als er jede Major-Trophäe außer der PGA-Championship, das einzige Turnier, das er in dem Jahr nicht spielte, mit nach Hause nehmen konnte. Der Grund dafür war ein Autounfall vier Jahre zuvor, der seine Beine so geschwächt hatte, daß er nicht dachte, sie könnten 36 Löcher pro Tag durchhalten.

Hogan war ein meisterhafter Shotmaker, der Drives mit einer absoluten Exaktheit spielen konnte, um dann die Fahne mit seinen Annäherungsschlägen direkt ins Visier zu nehmen. Sein Schwung war dem einer Maschine so ähnlich, daß sich Amateure und sogar Profis rund um die Welt fragten, worin sein Geheimnis lag. Sie konnten spekulieren, soviel sie wollten. Hogan behielt sein Schwunggeheimnis für sich, bis ihm das *Life magazine* 1955 30 000 Dollar bot, um es in einer Titelgeschichte preiszugeben.

Hogans Geheimnis, durch seine Bücher und Zeitschriftenartikel preisgegeben, interessierten den Durchschnittsgolfer sehr, denn sie wichen stark von den üblichen Grundsätzen ab. Die Golfer hatten es satt, ständig die alten Tips zu versuchen und mitansehen zu müssen, wie ihr Golf den Bach hinunterging.

Anstatt den grundsätzlichen, neutralen Griff einzunehmen, benutzte Hogan den schwachen Griff, indem er beide Hände auf das Ziel richtete, so daß die »Vs«, die durch Daumen und Zeigefinger geformt werden, zu seinem Kinn zeigten. Seine Hände waren hinter dem Ball, so daß sich sein linkes Handgelenk in einer abgewinkelten Position befand. Beim Driven stellte er seine Füße etwas mehr als schulterbreit auseinander. Er winkelte sein Handgelenk auf der Höhe des Rückschwungs ab, anstatt es, wie Lehrer den Schülern jahrelang empfohlen hatten, flach zu halten. Der wichtigste Hinweis zu Hogans Schwung war, daß man sich, während man den Ball ansprach, eine Linie vorstellte, auf der der Kopf durch ein Loch in einer großen Glasscheibe, die oben auf den Schultern lag, durchschaute, und die gerade bis zum Ball reichte. Grundsätzlich wollte Hogan erreichen, daß der Golfer den Schläger auf dieser Ebene zurückschwang. Er wollte, daß der Schläger beim Herunterkommen unter der Ebene blieb, um in einem flacheren Winkel an den Ball gebracht zu werden.

Ben Hogan, ein Profi, berühmt wegen
seines ausgezeichneten Schlages,
spielte mit derselben geschlossenen
Haltung wie Tiger.

Die Analyse von Tiger Woods' einzigartigem Setup zeigt, daß viele
seiner Merkmale denen von Ben Hogan gleichen. Wie Hogan positioniert Woods den Ball ungefähr zwei Zentimeter hinter seiner linken
Ferse, wenn er mit einem Driver spielt.

Beide spielen von einer breiten Basis, und beide spielen mit einer
geschlossenen, unter Profis erstaunlicherweise sehr seltenen Haltung.
Sie setzen beide ihre Hände hinter den Ball, mit einem abgewinkelten
linken Handgelenk, was ebenfalls sehr unorthodox ist. Sie beugen sich
beide aus den Hüftgelenken vornüber und knicken leicht die Knie, so
daß ein 30-Grad-Winkel zwischen den Beinen und dem Rückgrat entsteht.

»Diese Position sichert, daß man in der richtigen Distanz zum Ball
steht und sie ermöglicht dem Körper mehr Freiheit beim Zurückge-

hen und in der Bewegung auf den Ball zu«, sagt Mike Dunaway, ehemaliger Weltmeister im Longest Drive.

Anders als Hogan benutzt Tiger einen starken Griff, keinen schwachen, und das hauptsächlich, weil er natürlicher ist. Butch Harmon glaubt, daß dies einen erwünschten flachen Abschwung fördert und die Kraft im Treffbereich steigert. Ein weiterer Unterschied zu Hogan ist, daß Tiger sich nicht bewußt auf eine Schwungebene konzentriert. Harmon hat ihn davon überzeugt, daß dieses mentale Durcheinander den natürlichen Fluß seines Schwungs stört. Außerdem unterstützt Tigers Setup den Schwung auf einer Linie fast automatisch.

Jack Nicklaus: Der Mann, die Methode, ein weiteres Schlüsselmodell für Tiger

Nicklaus hatte als kleiner Junge Unterrichtsstunden bei dem Pro Jack Grout in Ohios Scioto Country Club genommen. Damals wurde ihm beigebracht, ein Purist zu sein. Er mußte täglich sein Übungsprogramm absolvieren. Am Ende des Tages prüfte Grout, ob er sich auch wirklich so aufstellte, wie es die grundlegenden Richtlinien vorschrieben, die einst von den frühen Fundamentalisten des Golfs aufgestellt worden waren. Nicklaus' Spiel reifte schnell, erreichte jedoch ein noch höheres Niveau, als Grout ihm die Freiheit einräumte, von den Grundsätzen, die das Setup und den Schwung vorschrieben, abzuweichen. Obwohl Nicklaus die Grundlagen für eine gute Haltung und einen handflächenparallelen, neutralen Griff beherzigte, entwickelte er dennoch eigene Grundsätze für Setup. Grout war schlau genug zu erkennen, daß, egal was im Buch stand, man nicht gegen den Erfolg argumentieren konnte. (Auch Harmon hat in vielerlei Hinsicht Tiger seinen eigenen Weg gehen lassen, besonders weil viele von Tigers Setup- und Schwunggrundlagen seiner eigenen Lehrmeinung entsprechen.)

Bei Tiger Woods kann man auch den Einfluß von Jack Nicklaus feststellen. Woods hat genauso wie Nicklaus erkannt, daß man mit einem korrekten Setup eine gute Chance bekommt, einen vernünftigen Schlag zu spielen, auch wenn man einen mittelmäßigen Schwung hat.

24

Jack Nicklaus, der größte Golfer aller Zeiten und ein Longhitter, hat ein Setup mit »offenen« Schultern, genauso wie Tiger.

Deswegen stellt sich Woods zu jedem Schlag besonders gewissenhaft auf und starrt auf sein Ziel hinunter, ehe er sich in die Ansprechposition begibt. Er benutzt den gleichen Griff wie Nicklaus, indem er seinen linken Zeigefinger mit dem kleinen Finger der rechten Hand verhakt. Wie Nicklaus läßt er den Schläger über dem Gras schweben. Er bevorzugt diese unorthodoxe Setup-Position, denn sie setzt Körperspannung frei und verhindert, daß der Schläger an einer rauhen Stelle auf dem Boden hängenbleibt und vom richtigen Weg und von der Ebene abweicht. Sie läßt ihn einen freifließenden Aufschwung in einer einzigen Bewegung spielen. Tiger ist es auch lieber, wenn sich weniger als die Hälfte des Balles über der Schlagfläche befindet. Das ist sehr sinnvoll, denn er spielt, so wie Nicklaus, eher einen Durch-schwung- als einen Aufschwungschlag. In wahrer Nicklaus-Manier hält Woods seine Schultern etwas offen, denn so kann er seinen Körper beim Abschwung freier drehen und damit seine Kraft entfalten.

Der Weg eines Weltmeisters

Die Besonderheiten von Hogans und Nicklaus' Setup, die wir bei Woods wiedererkennen, helfen ihm, wunderbares Golf zu spielen. Aber der Aufstieg dieses phänomenalen Golfspielers hat nicht mit dem Einfluß dieser zwei Golfgrößen begonnen und hat dort sicherlich auch nicht aufgehört.

Eldrick »Tiger« Woods wurde am 30. Dezember 1975 geboren. Elf Monate später gab ihm sein Vater Earl einen abgesägten Schläger in die Hand und zeigte ihm das grundsätzliche Setup und den Schwung. Geduldig, enthusiastisch und liebevoll ging sein Vater die Schritte mit ihm durch, ähnlich wie Mario Andretti, als er das neue Spielzeugauto seines Sohnes Michael benutzte, um ihm die Grundregeln des Fahrens zu zeigen.

Das Wunderkind Tiger lernte ausgesprochen schnell. Mit drei Jah-ren wurde er wegen seiner professionell aussehenden Schwung-bewegung in die »Mike Douglas Show« eingeladen. Zwei Jahre später erschien das unglaubliche Kind, bekannt durch seinen Ruf, Erwachse-ne in Längen und Punkten zu übertreffen, in »That's Incredible«.

Woods wurde stets besser. Sein Spiel erreichte ein noch höheres Niveau, als er zwei Menschen kennenlernte, die die Grundlagen für einen tollen Golfschwung und einen geschärften Golfverstand legten. Als Tiger zwölf war, zeigte ihm der Profi John Anselmo vom Meadow-lark Golf Club in Huntington Beach, Kalifornien, die Kunst des Schla-ges. Mit 13 lehrte ihn der Psychologe Jay Brunza (jetzt in Woods Kader), wie man seine mentalen Kräfte nutzen kann und gab ihm strategische Hilfen.

Gerüstet mit einer Auswahl von verschiedenen Schlägen und ei-nem strategisch geschulten Kopf, gewann Tiger drei United-States-Junior-Titel und führte in der Junioren-Klasse. Als nächstes stieg er in die Amateurliga auf und mähte, wie erwartet, jede Konkurrenz nie-

Tiger mit seinem Lehrer Claude »Butch« Harmon Jr.

der. Bis 1993. In diesem Jahr flog er aus der Amateurliga. Niederge-
schlagen erkannte sein Vater, daß Tiger nun, wo er so gut war – und
er war verdammt gut –, einen besonderen Trainer brauchte, um ihn
in die nächste Stufe zu bringen. Zu diesem Zeitpunkt trat Claude
»Butch« Harmon Jr. in Tigers Leben, der Mann, den *Sports Illustrated*
den »heißesten Golflehrer« nannte.

Harmon ist der Sohn von Claude Harmon, dem verstorbenen
Master-Gewinner von 1948, der im Winged Foot Golf Club in New
York und im Seminole in Florida als ein sehr guter Lehrer bekannt
war.

Harmons Vater war ein außergewöhnlicher Lehrer, der eher eine natürliche, flache Bewegung lehrte, die dem Schüler half, einen Draw mit einer größeren Weite zu spielen. Er konnte auch wunderbar kommunizieren. Butch Harmon war ebenfalls mit diesen Tugenden gesegnet, aber er war auch ein geborener Neuerer und bewies sein Talent, indem er Greg Normans Schwung aufpolierte und den »Shark« in einen großen Gewinner umwandelte.

Die gemeinsame Arbeit und die Geheimnisse über Setup und Schwung, die Harmon diesem ohnehin schon talentierten jungen Mann verraten würde, sollten Tiger in eine eigene Klasse erheben. In der Tat erreichte Tigers Spiel so schnell ein hervorragendes Niveau, daß man sich fragte, ob außer dem verdammt guten Lehrer nicht eine noch höhere Macht alles kontrollierte.

Abgesehen davon, daß ihre »Chemie stimmt«, sind Harmons Geduld, seine scharfen Augen und seine Direktheit die Gründe dafür, daß die beiden als Team harmonieren. Bevor er Tiger beurteilte, beobachtete Harmon, wie er Hunderte von Bällen schlug, er sprach mit ihm am Telefon, um mehr über seine Ansicht von Schwung- und Schlagproblemen zu erfahren, und er schaute Videos von Tigers Schwung aus mehreren Blickwinkeln an. Als Harmon sicher war, was falsch lief, sprach er Tiger auf seine zwei Hauptfehler beim Abschwung an: schlampige Fußarbeit und schwingende Hüften. Laut Harmon lag es hauptsächlich an diesen zwei Schwungfehlern, daß Tiger gelegentlich schreckliche Drives außerhalb der Linie schlug, die ihm dann Doppelbogeys einbrachten und Turniere verlieren ließen. Harmon erklärte Tiger außerdem, daß Spieler, deren Schwung den Lauf der Zeit überstanden, auch großartige Fußarbeit leisteten und führte Ben Hogan und Jack Nicklaus als Hauptbeispiele an.

Harmon äußerte sich dazu in *The Four Cornerstones of Winning Golf:*
Nachdem er mich angehört hatte, war Tiger bereit, sich zu ändern. Dennoch blieb ich bei der »Von-Grund-auf«-Lehrmethode meines Vaters und konzentrierte mich zuerst auf Tigers Haltung anstatt auf seine Fußarbeit. Weil Tiger 1,90 Meter groß ist, hatte er die gleichen Probleme wie alle großen Männer, nämlich einen übermäßig langen, übermäßig steilen Rückschwung. Ich wußte, daß ich, indem ich Tiger zu einer besonders breiten Stellung und einer kleineren Hüftbewegung brachte, ihm helfen konnte, sei-

nen Schwung zu verkürzen und dabei einen weiten Bogen zu entwickeln. Aber wichtiger noch war die Tatsache, daß eine breite Stellung seinen über- aktiven rechten Fuß beruhigen und dadurch den Ablauf seines gesamten Abschwungs verbessern würde.

Wie erwartet machte der ausgesprochen athletische Tiger rasante Fortschritte und wurde durch regelmäßige Schwungüberprüfungen entweder bei Turnieren oder in Harmons Heimatclub Lochinvar in Houston, Texas, in Form gehalten.

Woods gewann 1994 und 1995 die U.S. Amateur Championship, aber kurz vor der Amateur Championship von 1996 verlor sein Schwung plötzlich an Kraft und wurde unzuverlässig, denn er ver- suchte, den rechten Ellbogen eng an seiner Seite zu halten. Harmon gab seiner Drehung Kraft und seinen Abschlägen mehr Länge, indem er zeigte, wie er seinen rechten Ellbogen vom Körper wegfliegen las- sen konnte.

Er begann den Ball länger zu schlagen als je zuvor. Nachdem Arnold Palmer in einer Übungsrunde für die Masters 1996 mit Tiger zu- sammengespielt hatte, sagte er: »Er spielt ein anderes Spiel.« Tom Watson, Gewinner von sieben Majors, nannte Tiger »den wichtigsten Golfer der letzten 50 Jahre«. Nachdem Gary Player ihn den Schläger mit 200 km/h schwingen sah, sagte er: »Er erinnert mich an einen Voll- bluthengst.«

Tiger war bereit für die Profi-Liga. Als er jedoch bei den Milwau- kee Open antrat, dachten viele, er hätte eine unmögliche Aufgabe vor sich. Es blieben nur noch ein paar Wochen, um genug Geld für die Qualifikation zur PGA-Tour zu gewinnen, sonst hätte er in die Qua- lifikationsschule gehen müssen und wäre das Risiko eingegangen, zu versagen.

Tiger wurde in Milwaukee 60. und verdiente nur 2544 Dollar (ob- wohl er schon 60 Millionen Dollar aus Zusatzverträgen auf seinem Bankkonto hatte, 40 Millionen Dollar von Nike und 20 Millionen von Titleist). Er war immer noch gierig auf diese Tour-Karte.

Dank seiner kraftvollen 280-Meter-Drives verdiente Tiger seine PGA-Tour-Karte mit Bravour. Er gewann die Las Vegas Invitational und die Walt Disney/Oldsmobile Classic. Er wurde 24. der Geld-Rangliste mit der Summe von 790,594 Dollar. Es ist kein Wunder, daß dieser junge Mann auf der Titelseite von *Sports Illustrated* als »Sportler des Jahres 1996« erschien. Es ist ebenfalls kein Wunder, daß er die PGA-Tour 1997 mit einem Knall begann.

Wie erreicht ein Spieler solch ein Niveau? Manche sagen, es hat mit Schicksal zu tun, andere sagen, es sei harte Arbeit und Zielstrebigkeit, wiederum andere glauben, es sei ein gottgegebenes Talent. Es ist all das obengenannte und auch das Glück, die richtigen Leute zum richtigen Zeitpunkt, insbesondere Harmon, kennengelernt zu haben.

Butch Harmon gebührt sehr viel Hochachtung. Er war derjenige, der Tiger erlaubte, die Elemente der Hogan- und Nicklaus-Techniken beizubehalten. Harmon hat jedoch aus einem »Stückwerk« einen ausgefeilten Schwung gemacht, besonders nachdem er gehört hatte, wie sein Spitzenschüler sagte: »Ich habe versucht, 50 Spieler auszusuchen und das Beste aus ihnen herauszupicken, um ein Superspieler zu werden.«

Butch Harmon hat Tiger gezeigt, wie man Kraft mit weniger Anstrengung produziert. Die einzige Frage, die wir hier nicht beantwortet bekommen, ist folgende: Hat Harmon Tiger dieses Setup-Geheimnis beigebracht, das ich entdeckte, als ich Bilder von Tigers Schwung analysierte? Es ist nicht wichtig. Das Geheimnis, das vorher von noch keinem Teaching-Pro, Tour-Spieler oder Fernseh-Golf-Analytiker erwähnt wurde, ist ganz offen für Sie zu sehen. Zusätzlich sage ich Ihnen voraus, daß, sobald dieses Geheimnis gelüftet wurde, alle Lehrer, die etwas auf sich halten, ihre Schüler anhalten werden, es zu kopieren. Unter anderem steigert Tigers einzigartiges Setup die Drehbewegung im Rückschwung und wickelt die Bewegung beim Abschwung ab. Das Resultat ist, daß er zusätzliche Schlägerkopfgeschwindigkeit aufbaut und kraftvollere Schläge zustande bringt.

Tiger Woods ist Paul Bunyan, Superman, der biblische David und der unglaubliche Hulk in einer Person. In Caddie-Kreisen geht das Gerücht um, daß für Tiger kein Kurs lang genug sei. Das mag wohl übertrieben sein, aber eines ist sicher: Wenn Tiger über dem Ball steht und sich auf seinen Drive vorbereitet, sind die Zuschauer voller Erwartung und Aufregung. Wenn er den Ball dann trifft, verfolgen sie alle den Flug des Balles mit Blicken voller unglaublichem Erstaunen.

Nun folgt eine detaillierte Beschreibung der entscheidenden Aufbausteine von Tigers kraftvoller Schwungbewegung. Sie haben schon einige Elemente von Tigers Setup bei anderen Profis gesehen, nämlich bei Hogan und Nicklaus. Von anderen Elementen haben Sie gelesen und von wiederum anderen haben Sie weder etwas gesehen noch gelesen noch gehört. Bis jetzt waren sie ein Geheimnis.

Ballposition

Obwohl die Standardlehre darauf bedacht ist, daß der Ball genau gegenüber der linken Ferse aufgeteet wird, plaziert ihn Woods, genauso wie Hogan in seinen Gewinnertagen auf der Tour, zwei Zentimeter weiter hinten, wenn er abschlägt. Viele Longhitter, auch Davis Love III., ein anderer Schüler von Harmon, bevorzugen diese Position, weil sie ihnen einen kraftvollen Durchschwung ermöglicht. Zusätzlich verhindert sie, zu aggressiv mit dem Ober- und Unterkörper umzugehen

Da Tiger den Ball leicht hinter der klassischen Linke-Ferse-Position plaziert, kann er längere Tee-Shots schlagen.

31

und den Schlag entweder zu blocken oder zu toppen und einen Pull oder Slice zu spielen.

Während des Setups muß man darauf achten, den Ball nicht zu nah zu plazieren, sonst wird die Schwungebene zu steil. Ein eher aufrechter Schwung eignet sich gut für kurze Eisen, aber nicht für Drives, weil man den Ball mit einer kräftigen schwungvollen Bewegung treffen will anstatt mit einem stark abfallenden Schlag. (Nick Price, der 1993 und 1994 als erster die Geld-Rangliste anführte, fing 1995 an, den Ball fast in der Mitte seiner Stellung zu schlagen. Er beendete dieses Jahr auf Platz 30 und 1996 auf Platz 50 der Geld-Rangliste. Wenn man den Ball so weit weg spielt, wie es Price während dieser Phase machte, fordert man den Ärger geradezu heraus.)

Wenn Sie den Ball dort spielen, wo es Tiger tut, werden Sie ihn mit dem Schlägerblatt durch den Treffmoment jagen und die Schlagfläche einen Augenblick länger am Ball lassen. Diese Art von kraftvollem Schlagfläche-zum-Ball-Druck läßt den Ball weiter das Fairway hinunterfliegen.

Griffstil

Was den Griff betrifft, folgt Tiger dem Beispiel von Jack Nicklaus, der seine ganze Karriere lang einen Interlock-Griff benutzte. Im Gegensatz dazu spielen die meisten Tour-Pros mit einem überlappenden Griff.

Nicklaus glaubt, daß dieser Griff die Hände vereinigt, und das stimmt mit Harmons Philosophie überein, daß nicht eine Hand allein die Kontrolle des Schwungs übernehmen darf.

Dieser Griff erlaubt Tiger, bei maximaler Geschwindigkeit zu schwingen, ohne auf dem Höhepunkt des Schwungs oder beim Treffmoment die Kontrolle über den Schläger zu verlieren, selbst wenn ein enormer Druck darauf ausgeübt wird.

Um den Interlock-Griff zu beherrschen, muß man die ersten drei Finger der linken Hand um den Schlägergriff legen. Als nächstes legt man den linken Daumen so auf den Schläger, daß er von oben auf die rechte Seite der Griffmitte drückt. Jetzt wird der kleine Finger der rechten Hand zwischen Zeige- und Ringfinger der linken positioniert.

Genauso wie Jack Nicklaus benutzt Tiger einen Interlock-Griff. Wenn Sie den kleinen Finger der einen Hand mit dem Zeigefinger der anderen überkreuzen, bekommen Sie das Gefühl als seien Ihre Hände eine Einheit.

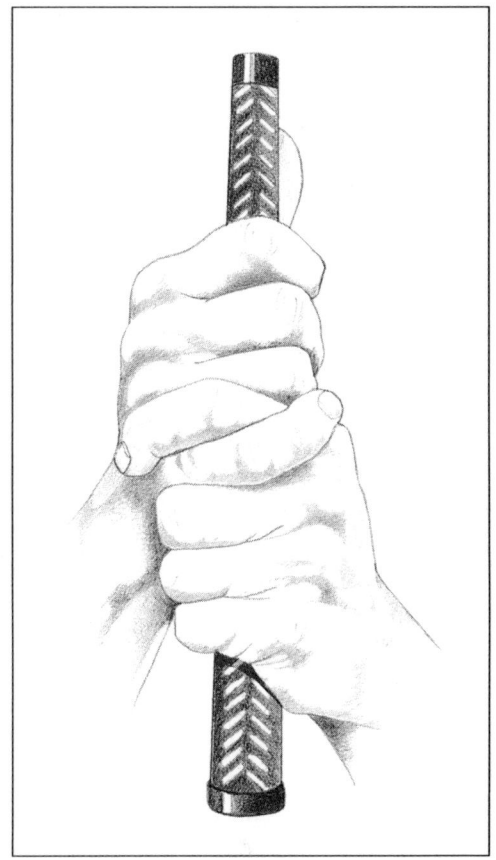

Nun die Finger schließen und die rechte Seite des rechten Daumens auf die linke Seite der Griffmitte legen, so daß die Spitze des Daumens den oberen Teil des rechten Zeigefingers berührt. Drücken Sie den rechten Handballen gegen Ihren linken Daumen. Bewegen Sie Ihre Finger so lange, bis Sie eine Einheit in beiden Händen spüren.

Tiger legt seine linke Hand in eine Position, die der Profi und Fernseh-Golf-Analytiker Johnny Miller die »Harley-Davidson«-Position nennt, weil sie dem Griff ähnelt, den ein Motorradfahrer einnimmt, wenn er die Lenkstange hält. Er setzt seine rechte Hand parallel zur linken, die »Vs« beider Hände zeigen zur rechten Seite, der lehrmäßig neutralen Position. Dieser starke Griff wird oft »Hooker« genannt,

denn wenn er zu fest ist, kann er das Loslassen von den Unterarmen zu den Händen verstärken und dadurch die Schlagfläche schließen. Der Ball landet dann in einem Hook weit links vom Ziel.

Tigers Griff bereitet seine Unterarme darauf vor, im Uhrzeigersinn zu schwingen, und ermöglicht ihm, den Schläger auf dem richtigen Rückschwungweg zu schwingen. Es ist schon in Ordnung, einen starken Griff zu haben, solange der Winkel des linken Handgelenkes bei der Ansprache gleich dem Winkel ist, der auf dem höchsten Punkt des Rückschwunges entsteht.

Griffdruck

Tigers verwegene Schläge werden noch dadurch verstärkt, daß er nach Butch Harmons Richtlinien den Druck seines Griffes variiert. Harmon glaubt nicht, daß bei allen Schlägen der gleiche Griffdruck ausgeübt werden soll. Er ist auch nicht von der Idee begeistert, mit den letzten drei Fingern der Linken und mit den beiden mittleren Fingern der rechten Hand fester zu greifen, wie es die Lehrer oft weitergeben, die sich an die Grundregeln halten. Der Grund: Diese Griffhaltung verhindert, daß die Hände als »Team« zusammenarbeiten. Harmon bevorzugt einen Griffdruck von 6 bis 7 auf einer Skala von 1 bis 10. Er hält jedoch seine Schüler an, den Griffdruck bei einigen besonderen Schlägen zu variieren, z. B. einen Draw mit dem leichteren und einen Fade mit einem stärkeren Griffdruck zu spielen. Und genau diese Art von Flexibilität erlaubt es Tiger, einen Drive um ein Dogleg links bzw. rechts zu spielen.

Standbreite

Woods spreizt seine Füße einige Zentimeter weiter als schulterbreit. Diese Haltung ist der von Hogan ähnlich, aber sie ist noch weiter und wird als unorthodox angesehen. Ehe Harmon begann, Greg Norman und Davis Love (wenn auch nicht ganz so weit wie bei Tiger) diese breite Stellung beizubringen, empfahlen andere Lehrer, daß die Breite der Stellung von Ferse zu Ferse gemessen gleich der Schulterbreite

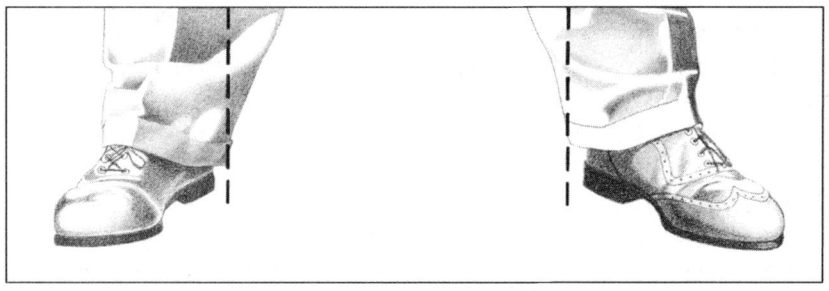

Butch Harmons Empfehlung, einen extrem breiten Stand einzunehmen, half Tiger, eine gute Balance beizubehalten und einen besonders kraftvollen Schwung auszuführen.

---

des Spielers sein sollte. Aufgrund des Erfolgs von Harmons Schülern, wird die Lehre des breiteren Standes heute schon öfter angewendet.

Harmon konnte Tiger davon überzeugen, daß diese extrem breite Stellung ihm helfen würde, einige Elemente seines Schwungs zu verbessern. Er hatte recht. Als Tiger die Standbreite vergrößerte, wurde der Bogen des Rückschwungs weiter und kraftvoller. Seine alte Haltung ließ ihn den Schläger zu früh im Rückschwung heben, ihn in einer überaus steilen Ebene mit einer schiefen Schlagfläche zum Ball bringen und dadurch immer wieder schlechte Drives schlagen. Seine neue Haltung hilft ihm, einen kompakteren Rückschwung durchzuführen, und gibt ihm dadurch mehr Kontrolle und Kraft. Außerdem hilft ihm der breitere Stand, seinen rechten Fuß beim Abschwung länger unten zu halten und dadurch eine athletisch und technisch gleichmäßigere Bewegung auf den Ball zu übertragen. Alle diese positiven Faktoren sollten für alle schwachen Slicer Grund genug sein, von einem breiten Stand aus zu spielen.

Haltungsstil

Tigers Position weicht stark von der Squareposition (Füße parallel zur Ziellinie) ab, die im allgemeinen als grundsätzliches Setup gilt. Viel wichtiger ist aber, daß sie Tiger erlaubt, eine freiere drehende Bewegung zu machen, wobei der Schläger ganz korrekt nach innen läuft. Mehr darüber, wenn wir das Geheimnis von Tigers Setup am Ende dieses Kapitels diskutieren.

Fußposition

Die Art, wie Tiger seine Füße positioniert, ist auch einzigartig. Die vorherrschende Meinung unter den Golflehrern ist, daß beide Füße leicht nach außen zeigen sollten, der linke 30 Grad, der rechte 20 Grad. In Tigers Fall sieht man, daß die Zehen beider Füße weiter von der Ziellinie wegzeigen als bei allen seinen Tour-Mitspielern. Tatsächlich sieht die Position seiner Füße etwa so aus, wie die von Charlie Chaplin. Vielleicht nicht unbedingt die schönste Position. Trotzdem verhilft sie Tiger, laut dem renommierten Lehrer Phil Ritson, Rotationskraft zu erzeu-

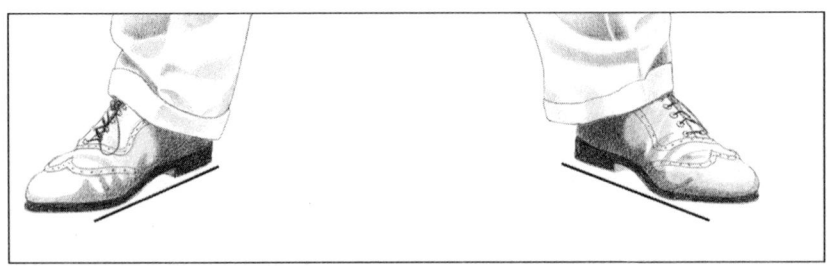

Tigers entenähnliche Haltung (unten) ist eine wichtige Verbindung zum Power-Swing und unterscheidet sich stark von der normalen Haltung (oben).

gen. Er dreht seinen Körper mit einer rotierenden Bewegung, so daß er beim Rückschwung einer Feder gleicht. Dadurch kann er freier durch den Ball schlagen und den Schlägerkopf mit Geschwindigkeiten von bis zu 200 Stundenkilometer an den Ball bringen.

Gewichtsverlagerung

Tiger verlagert sein Körpergewicht gleichmäßig auf die Ballen beider Füße, was man bei seiner ausbalancierten Ansprechposition sehr gut sehen kann.

Wenn man beim Ansprechen mehr als 50 Prozent des Gewichtes auf den linken Fuß setzt, ist die Tendenz vorhanden, im Treffmoment zuviel Gewicht auf dem rechten Fuß zu lassen – Lehrer nennen das auch »Fall back and fire« – und danach einen Slice zu spielen.

Wenn zuviel Gewicht auf dem rechten Fuß lagert, tendiert der Körper beim Rückschwung dazu, außer Position zu geraten und verursacht einen übertriebenen Aufschwungschlag. Das Ergebnis ist ein hoher, schwacher Wolkenschuß.

Schulterausrichtung

Tigers Position weicht von der rechteckigen Schulterausrichtung (Schultern parallel zur Ziellinie) ab, die normalerweise Club-Level-Spielern beigebracht wird. Seine einzigartige Ansprechposition läßt ihm die Möglichkeit, freier durch den Ball zu schlagen. Mehr darüber, wenn wir Tigers Setup-Geheimnis besprechen.

Schlägerkopfposition

Ähnlich wie Nicklaus und Norman hält Tiger den Schläger knapp über dem Gras. Diese sehr ungewöhnliche Haltung lindert die Spannung in Armen, Händen und Handgelenken und verhindert, daß der Schläger an einer erhöhten Stelle am Boden hängenbleibt und von seinem korrekten Weg und der Schwungebene abkommt. Wichtiger noch ist, daß

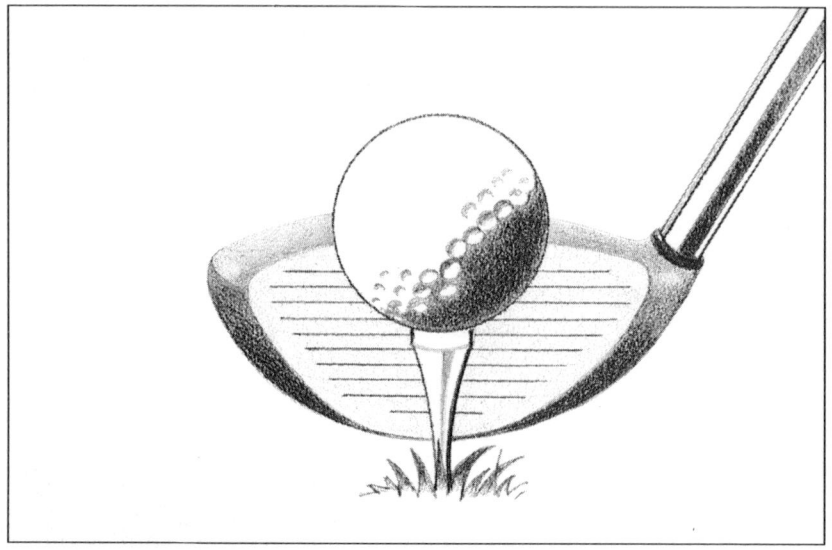

Tiger hält den Schläger knapp über dem Gras, so daß fast die Hälfte des Balles
über dem Schlägerkopf herausragt.

diese Position eine freifließende Bewegung anregt, die an einem Stück
ausgeführt wird.

Position der Schlagfläche

Die Schlagfläche von Tigers Schläger liegt senkrecht zur Ziellinie. Wenn
man aus dieser Position anfängt, hat man die beste Chance, den Mit-
telpunkt der Schlagfläche in die Mitte des Balles zu bringen und einen
kraftvollen, genauen Schlag zu spielen.

Handposition

Tiger positioniert seine Hände hinter dem Ball, genauso wie es Hogan
vor Jahren getan hat und wie Fred Couples es heute tut. Die Grund-

Indem er seine Hände hinter dem Ball plaziert, gelingt Tiger ein weiter, kraftvoller Schwungbogen.

Genauso wie Tiger benutzt Fred Couples eine Position, bei der sich die Hände hinter dem Ball befinden, um einen kraftvollen Schwung zu erreichen.

39

regeln besagen, daß die Hände auf gleicher Linie mit dem Ball sein müssen. Wenn man jedoch Tigers Position kopiert, wird ein weiter Schwungbogen, ein kräftigerer Schlag und eine weitere Länge begünstigt.

Kopfposition

Tigers Kopf zeigt beim Setup ein bißchen vom Ziel weg, um eine solide Verlagerung auf seine rechte Seite zu fördern.

Sein Setup mit dem Kinn nach oben ist ausgeprägter als bei anderen Profis und wurde auch von Nicklaus beeinflußt. Diese Position ermöglicht eine freie, vollständige Drehung der linken Schulter und hilft ihm letztlich, eine höhere Schlägerkopfgeschwindigkeit und eine längere Weite zu erlangen.

Tigers Setup-Geheimnis

In der Geschichte dieses Spiels hat es schon immer sehr solide Spieler gegeben, die ihre Füße in einer geschlossenen Haltung rechts vom Ziel positionieren. Vor allem Ben Hogan ist erwähnenswert, der seine drehende Bewegung durch dieses Setup unterstützte. Es gab natürlich auch viele Spieler, die ihre Schultern links vom Ziel in einer »offenen« Position ausrichteten. Das klassische Beispiel hierfür ist Jack Nicklaus, der sich mit diesem Setup freier durch die Schlagzone bewegte.

Hogan hielt, obwohl er von einer geschlossenen Haltung aus spielte, trotzdem seine Schultern gerade oder parallel zur Ziellinie.

Nicklaus glich seine offene Schulterausrichtung mit einer offenen Fußposition aus.

Diese beiden Spieler verstießen gegen die »Grundregeln«, die besagen, daß bei der idealen Ansprechposition die Schultern und die Füße eine Linie bilden.

Tiger Woods bringt das unkonventionelle Setup noch eine Stufe höher. Er nimmt nicht nur die gleiche geschlossene Fußposition wie Hogan ein, sondern auch die gleiche offene Schulterausrichtung wie Nicklaus. Kein anderer moderner Spieler tut das. Mir hat kein einziger Toplehrer oder Tour-Pro von dieser Kraftposition erzählt, noch nicht einmal Tigers Lehrer, Butch Harmon, obwohl ich glaube, daß er davon weiß. Aber es ist so, ich habe es gesehen.

Niemand hat diese Position bisher erwähnt. Aber ich weiß, daß sie funktioniert, denn ein anderer Spieler hatte vor vielen Jahren ein ähnliches Setup. Dieser Mann war Sam Snead, einer der besten Schwinger und Spieler aller Zeiten, der den Ball zwar kraftvoll schlug, aber immer noch Power und Schlägerkopfgeschwindigkeit in Reserve hatte. Der Grund dafür liegt darin, daß diese Setup-Position ermöglicht, einen Kraftschwung einfacher auszuführen ohne voll auszuschwingen.

Egal wie schnell Tiger schwingt, egal wie weit der Ball fliegt, manchmal über 320 Meter, er braucht laut Harmon nur 80% seiner Kapazität.

Das Setup mit den Füßen in dieser geschlossenen Position ermöglicht es Ihnen, die Hüften im Uhrzeigersinn zu drehen und den Schläger korrekt auf dem Innenweg zurückzuschwingen. Der Vorteil eines Setups mit offenen Schultern ist, daß es den Schläger daran hindert, zu weit hinter den Rücken zu schwingen, was ich die »Danger-Zone« nenne. Wenn der Schläger auf einem übertriebenen Innenweg geschwungen wird, ist es nahezu unmöglich, ihn gerade zum Ball zu bringen, egal wie schnell Sie Ihre Hüften beim Abschwung einsetzen. Der andere positive Effekt der offenen Schulterposition ist, daß die Hüfte sich niemals zu stark drehen läßt. Wenn sich die Hüften überdrehen, gibt es weniger Widerstand zwischen dem Ober- und dem Unterkörper.

Bis 1992 glaubten die Golfer, daß je voller die Drehung der Hüften und Schultern sei, desto mehr Kraft in den Schwung gebracht werde. Doch dann entdeckten die Profis Jim McLean und Mike McTeigue mit Hilfe des Swing-Motion-Trainers, einem speziellen Gerät, mit dem man andere Profis studieren kann, folgendes: Je größer die Lücke – oder die Differenz – zwischen den Schultern und den Hüftdrehungen ist, desto größer wird der Drehmoment, die Schlägerkopfgeschwindigkeit und die Kraft. Eine Möglichkeit, diese Lücke zu vergrößern und die Kombination einer starken Schulterdrehung mit einer leisen Hüftdrehung. Und genau das macht John Daly. Wie Tiger benutzt Daly einen starken Griff und richtet seine Schultern offen zum Ziel aus. Seine Fußposition ist jedoch eher offen als geschlossen. Als Jim McLean und Mike McTeigue, die Profis auf der PGA-Tour testeten, bemerkten sie, daß John Daly seine Schultern um 114 Grad drehte und seine Hüften um 66 Grad. Die Lücke betrug 48 Grad und war die größte auf der Tour, verständlicherweise, denn Daly war der längste Hitter.

Wie groß ist im Vergleich dazu Tigers Differenz? 80 Grad! Tiger erreicht das, indem er seine Schultern um 120 Grad und seine Hüften um 40 Grad dreht.

Ein weiterer Vorteil dieser offenen Schulterposition ist, daß sie Tiger erlaubt, sich freier durch den Treffmoment zu bewegen. Er erzeugt dadurch soviel Schlägerkopfgeschwindigkeit und Kraft, daß der beliebte Lehrer Rick Smith feststellte: »Tiger hat die schnellste drehende Bewegung, die ich je gesehen habe.«

Tiger könnte diese großartigen Bewegungen niemals ohne die geschlossene Fußposition (rechts vom Ziel anvisieren) und die offene Schulterposition (links vom Ziel) erzielen. Jetzt kennen Sie Tigers und Sam Sneads Geheimnis.

Obwohl die Setup-Position in Sam Sneads Lehrbuch »How to Play Golf« in Photographien deutlich gezeigt wird, erwähnt er das besondere daran nie. Auch sein Mitarbeiter Larry Sheehan spricht in einem späteren Sam-Snead-Buch »Sam Snead Teaches You His Simple Key Approach To Golf« nicht darüber, obwohl die Abbildungen von Sneads Setup ihn in einer geschlossenen Fußposition und einer offenen Schulterposition zeigen. Ob Snead der Golfwelt

Tiger Woods und
Sam Snead sind die
beiden einzigen
Spieler der Golf-
geschichte, die aus
einem geschlossenen
Stand und einer
offenen Schulter-
position heraus
spielen.

Tigers Drive-Setup

Vergleiche mit den Ansprechpositionen der legendärsten Golfspieler

	Ben Hogan	Sam Snead	Jack Nicklaus	Tiger Woods
Ballposition	2 Zentimeter hinter der linken Ferse	2 Zentimeter hinter der linken Ferse	Gegenüber der linken Ferse	So wie Hogan, Snead
Griffstil	Überlappend	Überlappend	Interlock	So wie Nicklaus
Handposition	Hinter dem Ball	Gleich mit Ball	Gleich mit Ball	So wie Hogan
Fußposition	Geschlossen	Geschlossen	Offen	So wie Hogan, Snead
Standbreite	Einige Zentimeter weiter als schulterbreit	Schulterbreit	Schulterbreit	So wie Hogan
Fußstellung	Linker Fuß nach außen, rechter im Lot zur Ziellinie	Beide Füße nach außen gestellt	Linker Fuß nach außen, rechter im Lot zur Ziellinie	So wie Snead
Schulterausrichtung	Square	Offen	Offen	So wie Snead, Nicklaus
Gewichtsverteilung	Gleichmäßig	Gleichmäßig	Gleichmäßig	So wie Hogan, Snead, Nicklaus
Position der Schlagfläche	Square	Square	Etwas geöffnet	So wie Hogan, Snead
Schlägerkopfposition	Sohle des Schlägers am Boden	Sohle des Schlägers am Boden	Hält den Schläger knapp über dem Boden	So wie Nicklaus

sein Geheimnis nicht verraten wollte oder ob sein Mitarbeiter dies übersehen hat, ist egal. Es ist allerdings bedauerlich, daß die Weiterentwicklung des Golfsports und damit die Möglichkeit für Millionen von Menschen, vernünftig Golf zu spielen einen gewaltigen Rückschlag erfahren hat, weil dieses Geheimnis bis heute nicht enthüllt wurde. Lassen Sie uns hoffen, da es jetzt durch Tiger Woods Schwung aufgedeckt wurde, daß der durchschnittliche Spieler auf den heutigen langen Kursen Schritt für Schritt vorankommen und weniger Schläge brauchen wird.

Tigers kompakte und kontrollierte Position am höchsten Punkt des Rückschwungs.

2 KRAFT AUFBAUEN

**Tigers Rückschwungtechnik
entwickelt ein maximales Drehmoment zwischen
dem Ober- und dem Unterkörper.**

Ehe wir Tigers Krafttechnik analysieren und Ihnen helfen, seine einzigartigen Kraftbewegungen – und ein weiteres Geheimnis – in Ihren eigenen Schwung zu integrieren, möchte ich Ihnen noch eine Anekdote erzählen, die Ihnen vielleicht klarmacht, wie wichtig es ist, sich den Schwung eher als eine fließende Bewegung und nicht als eine Zusammenstellung vieler schwierigen Teile vorzustellen.

Vor ungefähr zwei Jahren schickte mir eine Bekannte, das Gartenbuch »Plant Marriages« von Jeff Cox. Ich hatte es nicht angefordert, also dachte sie bestimmt, ich hätte Interesse daran, über *Helichrysum petiolatum* und *Diascia cordata* zu lesen, da ich einmal in England gelebt habe, wo die jährliche Chelsea Blumenschau stattfindet. Sie hatte offensichtlich vergessen, daß mein Interesse dem Golf gilt. Aber es ist der Gedanke, der zählt. Vielen Dank Charlotte, wo immer Du jetzt auch sein magst.

Das Buch lag im Gästezimmer meines Hauses in Florida für alle Besucher zum Lesen. Ich bin froh, daß es dort blieb. Renovierungsarbeiten haben mich kürzlich wieder in dieses Zimmer geführt, und wie es das Schicksal wollte, las ich das Zitat auf der Umschlagseite:

Der Besitz einer Anzahl von Pflanzen, egal wie gut die Pflanzen selbst sein mögen und egal wie zahlreich sie sind, macht daraus noch keinen Garten, nur eine Sammlung.

Nun wende ich dieses Zitat auf Golf an: »Der Besitz einer Anzahl von Schwingbewegungen, egal wie gut die Schwingbewegungen selbst sein mögen und egal wie zahlreich sie sind, machen noch keinen Golfschwung, nur eine Sammlung.«

Analysiert man, wie Tiger die Kraft in seinen Rückschwung hineinprogrammiert, kann man viele wichtige Einzelbewegungen feststellen. Da es nur ungefähr eineinhalb Sekunden dauert, um den Schwung nach oben zu bringen, werden Sie nicht bewußt darüber nachdenken können, diese Schwingbewegungen nachzumachen. Um das Wertvollste aus den Instruktionen dieses Buches herausfiltern zu können, sollten Sie erst einmal die Beschreibung jedes Schwungs lesen. Anschließend schauen Sie sich die Photos und Zeichnungen sorgfältig an, um den Lehrinhalt genau zu verstehen. Jede Position wird dann einzeln geübt. Passen Sie auf, daß am Ende der Übungsstunden der Schwung nur von einem, und zwar wirklich nur von diesem einen Gedanken geleitet wird, ehe Sie Ihren Instinkt übernehmen lassen. Glauben Sie mir, wenn Sie Tigers Kraftbewegungen einzeln und sorgfältig üben, dann am Abschlag stehen und auf sich vertrauen, wird der Schwung fließen, ohne daß Sie an irgend etwas denken müssen.

Beachten Sie diesen letzten Hinweis ehe Sie mit der nächsten Lektion weitermachen und dort genau lernen, was Tiger Woods' Powertechnik ausmacht.

1. Stellen Sie sich selbst in einer Setup-Position wie der von Tiger vor.
2. Beobachten Sie mit Ihrem geistigen Auge jede Bewegung, die Sie machen wollen.
3. Ehe Sie ganz nach oben schwingen, stellen Sie sich vor, wie sich alle Ihre Bewegungen zu einer ununterbrochenen, fließenden Bewegung zusammenfügen.

Der Rückschwung: Ein sanftes Tempo und die Schlägerkopfverlängerung sind sehr wichtig

Wenn man Tiger nur beim Schwingen zuschaut, wird klar, daß er die Bedeutung von zwei sehr wichtigen Wörtern – nämlich Tempo und Rhythmus – kennt. Die Geschwindigkeit seines Rückschwungs ist lang-

sam, weil er ganz genau weiß, daß bei einem guten Golfschwung die Geschwindigkeit langsam aufgebaut wird, so daß die Körperbewegungen rhythmisch ablaufen und synchron mit der Bewegung des Schlägers arbeiten können. Diese synchronisierten Bewegungen sichern, daß der Schläger mit der größtmöglichen Geschwindigkeit auf den Ball trifft.

Anders als Tiger hebt der typische Clubniveau-Spieler den Schläger schnell hoch, führt dabei eine übertriebene Handbewegung aus oder zerrt den Schläger außerhalb der Ziellinie auf einer sehr flachen Ebene zurück, so daß der ganze Schläger hinter seinem Rücken ist. In aller Offenheit: Diese Schwungfehler kommen oft vor, weil ein Spieler auf einen gutgemeinten Ratschlag eines Freundes gehört hat, der nur ein begrenztes Wissen darüber hat, wie ein Golfschwung funktioniert, oder auf den eines Lehrer, der nicht den richtigen Ausbildungsweg durchlaufen hat.

Nehmen wir einmal den gutmeinenden Freund. Er sagt seinem Spielpartner, er solle den Schläger im Rückschwung anheben, weil er in Jack Nicklaus' Buch »Golf My Way« gelesen habe, daß »die aufrechte Ebene dem Golfer die beste Chance gibt, den Schläger entlang der Ziellinie im Treffmoment zu schwingen«. Nicklaus hat dies tatsächlich gesagt, aber er machte auch folgende Aussage, die man nicht auslassen kann, wenn man jemandem etwas beibringen will:

Eine aufrechte Ebene muß durch Weite im Bogen begleitet werden, wenn der Schwung kraftvoll sein soll und wenn diese Kraft durch festes Auftreffen des Schlägers hinten auf den Ball in Länge verwandelt werden soll. Bei dem Versuch, für eine gute Richtung aufrecht zu schwingen, verlieren viele Spieler Länge, weil sie nur ihre Arme heben, anstatt den Rückschwung in einer voll erweitert drehenden Bewegung und einem gestreckten Körper zu vollziehen.

Nicklaus, der Tiger den »grundlegend sichersten Schwinger der heutigen Zeit« nennt, gibt uns einen guten Einblick in das, was beim Zurücknehmen des Schlägers wichtig ist: Weite im Bogen. Kein anderer Profi macht so einen weiten Schwungbogen wie Tiger.

Die Weite des Schwungbogens hängt direkt vom Radius ab, der vom linken Arm und dem Schläger geformt wird. Dieser Radius ist

vergleichbar mit der Speiche eines Rades, er muß stabil und ungebrochen bleiben. Es gibt einige wichtige Gründe, die es Tiger ermöglichen, seinen Radius zu halten. Wie wir in Lektion 1 gesehen haben, stellt er sich beim Ansprechen in eine extrem breite Position, indem er seine Füße einige Zentimeter weiter als schulterbreit auseinanderstellt. Diese weite Position wiederum begünstigt, daß Sie den Schläger länger näher am Boden zurücknehmen, um ihn dann mit nach außen gebogenen Armen, Händen und Handgelenken an der rechten Hüfte vorbeizuführen. (Im Gegensatz hierzu führt ein enger Stand zu einem früheren Handgelenkseinsatz und einem verkürzten, aufrechteren Schwung. Diese Ebene des Schwungs begünstigt einen nach unten gerichteten Schlag, der ideal für kurze Eisen ist, aber nicht für die Abschläge. Um feste Drives zu schlagen, muß der Schläger nahe am Boden geführt werden und an der Ziellinie in der Schlagzone bleiben.)

Tigers langer, niedriger Rückschwung hilft ihm, einen extrem weiten und kraftvollen Schwungbogen zu erlangen.

Ein weiterer Grund, warum Tiger so exzellent seinen Schwungradius halten kann, ist, daß er die Rückschwungbewegung mit den starken Muskeln seiner Arme und Schultern kontrolliert. Die Erfahrung hat ihm offensichtlich gezeigt, daß die Gelenke zu früh einknicken können, wenn man den Händen die Führung des Schwungs überläßt. Wenn das passiert, bricht der Radius, der vom linken Arm und vom Schläger gebildet wird und verhindet damit, in einem weiten Bogen auszuholen und einen kraftvollen Schlag zu spielen.

Schauen Sie sich genau die Photos von Tiger an, auf denen er seinen Schläger zurückführt. Er hält ihn nicht nur die ersten 30 Zentimeter des Schwungs ganz nahe am Boden, wie es normalerweise gelehrt wird oder wie andere Spieler auf der PGA-Tour es tun. Sein Schläger bleibt solange nahe am Boden, bis er einige Zentimeter an seinem rechten Fuß vorbeibewegt wurde, und er streift dabei die meiste Zeit buchstäblich die Erde.

Den Schläger nahe am Boden zu halten, begünstigt nicht nur die Entstehung eines weiten Schwungbogens, sondern hilft auch, das Gewicht völlig auf den rechten Fuß und das rechte Bein zu verlagern, so daß eine stabile Position entsteht, aus der man sich beim Schwung erst weiter zurück und dann nach oben drehen kann. Während der gesamten Rückschwungaktion ist es äußerst wichtig, daß die Hände und Handgelenke ruhig bleiben, während das von den Armen und Schultern geformte Dreieck den Schläger zurückschwingt. Wenn das richtig gemacht wird, werden Sie anstatt eines Ziehens spüren, wie die Arme den Schläger wegdrücken. Das ist der erste Schritt, ein »fühlender« Spieler wie Tiger zu werden.

Wenn Sie mit Gefühl spielen, können Sie gleich spüren, wenn Sie einen groben Fehler gemacht haben und der Schläger entweder außerhalb der Ziellinie oder zu weit innerhalb geführt wurde. Der erste Fehler führt normalerweise dazu, daß man den Schläger über die Zielgerade führt, den Ball anschneidet und einen Slice spielt. Der zweite Fehler, den Schläger zu weit hinter sich zu schwingen, kann verschiedene Arten von Fehlschlägen hervorrufen. Nur wenn Ihre Hände »geschult« sind, können Sie manchmal mitten im Schwung Änderungen vornehmen, die Ihnen erlauben, einen noch einigermaßen guten Schlag zu landen.

Der korrekte Weg, auf dem der Schläger am Anfang des Rückschwungs geführt werden sollte, ist gerade zurück auf der Ziellinie und dann etwas innerhalb der Linie. Der Übergang von gerade zurück bis innerhalb der Linie wird nicht bewußt durch Manipulation des Schlägers mit den Händen gemacht. Das ist der Fehler von vielen Amateuren. Sie haben gehört oder gelesen, daß der Schläger innerhalb schwingen soll, also ziehen sie ihn hinein. Machen Sie diesen Fehler nicht.

Wenn Tiger den Schlägerkopf von seiner »schwebenden« Position sanft nach unten drückt und dann mit seinen großen Muskeln wegschiebt, dreht er seine Schultern im Uhrzeigersinn. Der Schläger schwingt dadurch von ganz alleine auf der inneren Linie. Um abschätzen zu können, wie das funktioniert, und um sich zu überzeugen, daß keine Handbewegungen nötig sind, um den Schläger auf den korrekten Weg zu führen, probieren Sie die folgende Übung:

John Daly, ein anderer Longhitter, spielt auch mit einer
langen Rückschwungbewegung,
doch sein Rückschwungbogen
ist trotzdem immer noch
kürzer als Tigers.

1. Stellen Sie sich mit dem Gesicht zur Wand.
2. Nehmen Sie Ihre normale Ansprechposition ein und stellen Sie die
   Schlägersohle auf den Boden.
3. Beginnen Sie den Schwung, indem Sie den Schläger nahe am Boden
   wegschieben. Setzen Sie dazu die Muskeln Ihrer Arme und Schultern ein.
4. Wenn Sie Ihre Schultern im Uhrzeigersinn drehen, bemerken Sie,
   wie der Schläger ganz alleine vom Boden (Ziellinie) weggeht.

Die Wahrscheinlichkeit ist groß, daß Sie lieber draußen wären, um Bälle zu schlagen, anstatt den Rückschwung zu lernen. Aber es hat keinen Sinn, einen Schläger und einen Eimer Bälle zu schnappen, wenn man von dieser wichtigen Bewegung im Schwung keine Ahnung hat. Der Grund ist einfach: Der komplette Schwung wird von den ersten paar Zentimetern gesteuert. Je langsamer Sie den Schläger im Anfangsstadium zurücknehmen, desto koordinierter ist die ganze Bewegung, desto größer ist die Drehung des Körpers und desto größere Kraft wird erzeugt.

Tiger nimmt den Schläger so sanft zurück, daß man den Einfluß von Jack Nicklaus deutlich erkennen kann, der den Schläger auch eher sehr langsam bewußt zurückschwingt, anstatt ihn vom Ball wegzureißen.

Je langsamer Ihr Rückschwung ist, desto größer wird Ihre Chance, den Schläger auf dem richtigen Weg und der richtigen Ebene zu schwingen und um so einfacher ist es, die Bewegung des Körpers mit der des Schlägers zu koordinieren. Auf diese Weise können Sie langsam Geschwindigkeit aufbauen und die maximale Beschleunigung für den Treffmoment aufheben.

Tigers Arm-Schulter-Dreieck ermöglicht ein ruhiges Tempo. Sollten Sie dennoch das Gefühl haben, Ihre Rückschwungbewegung ist immer noch zu schnell, dann stellen Sie sich vor, Sie würden den Schläger durch Sirup zurückziehen.

Manche Anfänger lassen jedoch ihren Rückschwung viel zu langsam oder sogar roboterhaft werden. Dies ist aber auch nicht gut, denn ein zu langsames Tempo verhindert die Entwicklung einer entsprechenden Schlägerkopfgeschwindigkeit im Treffmoment. Wenn dies Ihr Problem ist, versuchen Sie irgendeinen Auslöser zu finden, der den Vorwärtsdruck verstärkt. Er wird Ihnen helfen, einen weicheren Übergang im Rückschwung zu bekommen. Jack Nicklaus zum Beispiel stößt langsam den hinteren Teil des Schlägers zum Ziel, dreht sein Kinn vom Ziel weg und nimmt dann den Schläger weg. Gary Player läßt sein rechtes Knie nach innen rotieren und dann vom Ziel weg, ehe er zurückschwingt. Manche Spieler fangen ganz einfach mit einem leichten Griff an und drücken dann den Griff des Schlägers einen Sekundenbruchteil bevor sie zurückschwingen. Experimentieren Sie, um einen Auslöser zu finden, der Ihnen hilft.

Wenn aus einem bestimmten Grund die Vorwärtsdruckaktion nichts hilft, versuchen Sie es mit diesem Tip, den ich von dem berühmten Lehrer David Leadbetter bekommen habe: Stellen Sie sich vor, Sie nehmen Ihre Ansprechposition auf sehr dünnem Eis ein; fühlen Sie sich leicht auf den Füßen und stellen Sie sich so auf, daß Sie das Gefühl einer stabilen Balance bekommen. Laut Leadbetter wird das »Ihre Muskeln gerade soviel ölen, um Ihren Schwung ein klein wenig zu beschleunigen, was wiederum den richtigen Ablauf der Bewegung fördert«.

Die Drehung:
Die Schultern drehen sich mehr als die Hüften

Während Tiger den Schläger langsam wegschwingt und sich sein Gewicht kontinuierlich vom linken Fuß auf den rechten Fuß verlagert, dreht sich seine rechte Hüfte im Uhrzeigersinn. Indem er jedoch seinen linken Fuß auf dem Boden läßt – das scheint ein Trend auf der Tour zu sein, besonders unter Leadbetters Schülern –, kann er in gewisser Weise diese drehende Bewegung steuern. Dadurch daß er seinen linken Fuß unten hält, verhindert Tiger auch, den Schläger zu steil anzuheben und die rechte Hüfte zu überdrehen. Um Kraft im Schwung zu erzeugen, muß ein gewisser Widerstand zwischen dem Ober- und dem Unterkörper herrschen.

Tigers geschlossene Fußposition sowie seine offene Schulterposition zu kopieren, wird Ihnen helfen, dieses Ziel zu erreichen. Aber Sie müssen immer noch die Schulterdrehung vergrößern, während die Hüftdrehung verkleinert wird. Einer der Gründe, warum Hogan so ein kraftvoller Spieler war, besonders für einen Mann durchschnittlicher Größe, liegt darin, daß er die Wichtigkeit des Widerstands erkannt hat.

Hogan glaubte, daß das Geheimnis, Kraft im Rückschwung aufzubauen, eine zu erzeugende Spannung in den Muskeln zwischen Hüften und Schultern sei. Um dieses technische Ziel zu erlangen, empfahl er, die Hüften erst dann zu bewegen, wenn die Drehung der Schultern sie herumzogen.

Wie Sie anhand der Sequenzbilder von Tigers Rückschwung sehen können, erzeugt er auf jeden Fall diese Spannung. Das erklärt, wie er

Tigers Schulter-
drehung bringt den
Schläger innerhalb
der Ziellinie.

seinen Körper beim Abschwung so frei abwinden und den Schläger
so kraftvoll in den Ball hineinschwingen kann.

Während die Drehbewegung weitergeht, bewegen sich Tigers Hände an seiner rechten Körperseite vorbei, und beide Arme bleiben ziemlich gespannt, während die Handgelenke blockiert sind. Diese Ver-
zögerung des Handgelenkeinsatzes erlaubt Tiger, den Schwungradius
beim Ansprechen und im Anfangsstadium des Rückschwungs zu er-

halten. Das Ergebnis ist, daß er den weitestmöglichen Bogen entwickeln kann. Wenn die Hände praktisch auf gleicher Höhe mit der Taille sind, liegt der Schläger parallel zur Fußlinie, und der Schlägerkopf ist in einer perfekten fußzehhohen Position. Um Ihnen zu helfen, sich diese verlängerte Rückschwungbewegung vorzustellen, denken Sie an Ihre Schulgeometrie zurück, wo Sie den größten Kreis malten, indem Sie den Stift des Zirkels so weit wie möglich von der Nadel auf dem Papier wegzogen.

Wenn Tiger fühlt, daß sein Gewicht vollkommen auf sein rechtes Bein verlagert wurde, beginnt er sich vollkommen um diesen Pfosten zu schrauben. Wenn sich seine Schultern im Uhrzeigersinn drehen und sich die linke Schulter unter sein Kinn bewegt, dann fängt der Schläger an, auf einer ziemlich flachen Ebene zu schwingen.

Als Tiger in Harmons Unterricht kam, war eines seiner Probleme, daß er den Schläger zu steil zurückschwang. Dieser Fehler hinderte ihn daran, im Treffmoment einen *level spot* zu entwickeln. Der Winkel war zu scharf und die Schlagfläche tendierte dazu, im Treffmoment offen zu sein. Das Resultat: blockierte Drives auf die rechte Seite des Fairways, was Tiger schon viele Punkte auf der Scorekarte gekostet hat. Man kann mit einem oder zwei schlechten Löchern immer noch Match-play-Veranstaltungen gewinnen, aber keine Zählspiel-Turniere. Ein paar Doppelbogeys lassen einem kaum eine Chance. Harmon wußte, daß dieser Fehler korrigiert werden mußte, ehe Tiger ein Profi wurde. Eine breitere Fußposition half Tiger zwar, aber die größere Drehung wirkte sich wie ein Wunder aus. Anstatt nur seine linke Schulter unter sein Kinn zu drehen, begann Tiger eine etwas rundere Bewegung zu machen und versuchte, seine linke Schulter über den Drehpunkt seines rechten Standbeines zu drehen.

Viele von Ihnen haben wahrscheinlich ein ähnliches Problem mit dem zu steilen Schwung. Der Grund: Sie haben gehört, daß die linke Schulter unter das Kinn geschwungen werden sollte, bewegen aber statt dessen das Kinn zur Schulter, nicht wahr? Natürlich. Sie beugen auch Ihren Körper während des Rückschwungs zum Ziel, anstatt das Gewicht auch den rechten Fuß zu verlagern, richtig? Natürlich. Weil Sie dann während des Abschwungs Ihr Gewicht auf dem rechten Fuß belassen, anstatt es auf den linken Fuß zu verlagern, verschlagen Sie den Ball. Richtig? Natürlich.

Tigers Verlängerungsposition in der Hälfte des Schwungs hilft ihm, einen weiten Bogen beizubehalten. An diesem Punkt des Schwungs sollten der Schläger parallel zur Ziellinie und die Handgelenke blockiert sein.

Um Ihre Schwungprobleme zu beheben, versuchen Sie, Ihre Schultern in einer eher rotierenden Bewegung zu drehen, was so ähnlich aussieht wie die Bewegung eines Schlägers beim Baseball. Auch wenn Sie Ihre Muskeln genauso oft wie Tiger dehnen oder auch extrem beweglich sind, werden Sie Tigers Linke-Schulter-über-rechtem-Bein-Drehung nicht genau nachmachen können. Wenn Sie jedoch Ihre Schultern in der gleichen Art bewegen wie Tiger, werden Sie den steilen Schwung verlieren. Je mehr die Schultern gedreht werden, während die Hüftdrehung minimal gehalten wird, desto mehr Kraft werden Sie erzeugen.

Einer der Wege, wie sich Tiger eine starke Schulterdrehung und eine solide Gewichtsverlagerung sichert, besteht darin, daß er seinem Kopf erlaubt, sich zu bewegen. Tiger mißachtet dadurch eine der ältesten Golfregeln: Den Kopf absolut stillhalten. Sobald er fühlt, wie sich die Innenseite seines rechten Fußes verlagert, rotiert er mit dem Kopf, wie es auf dem Bild auf der gegenüberliegenden Seite gezeigt wird. Der bekannte Lehrer Jimmy McLean vom Doral Resort in Miami sagt folgendes über die Kopfrotation:

Seitdem mir Johnny Miller erklärt hat, daß der Kopf einen eigenen Schwung haben sollte, rege ich meine Schüler dazu an, den Kopf beim Rückschwung und Abschwung rotieren zu lassen.

Der Kopf dreht sich und/oder bewegt sich leicht nach rechts. Das muß er, sonst wird der Drehpunkt so gespannt und mechanisch, daß man keine freie athletische Rückschwungbewegung durchführen kann. Bei einem vollen Schwung dreht der Topspieler das Kinn um 20 bis 25 Grad nach rechts. Harvey Penick, der berühmte Lehrer, hat es am besten in Worte gefaßt: »Zeigt mir einen Spieler, der seinen Kopf nicht bewegt, und ich zeige euch jemanden, der nicht spielen kann.«

Es sind der Drehpunkt und die Bewegung des Kopfes, die es dem Spieler ermöglichen, eine volle Schulterdrehung zu machen, während die steife Haltung des Kopfes in einer starren Position die Drehbewegung der Schultern verhindert und wichtige Kraft raubt. Tiger ist ein ausgezeichnetes Beispiel eines Profis, der mehr Kraft erzeugt, weil er seinen Kopf bewegt. Dadurch daß er den Kopf rotieren läßt, ist er in der Lage, seine linke Schulter freier über den Drehpunkt seines rechten Beines zu bewegen, damit mehr Gewicht darauf zu konzentrieren und eine stärkere Drehbewegung zu machen als irgendein anderer Golfprofi.

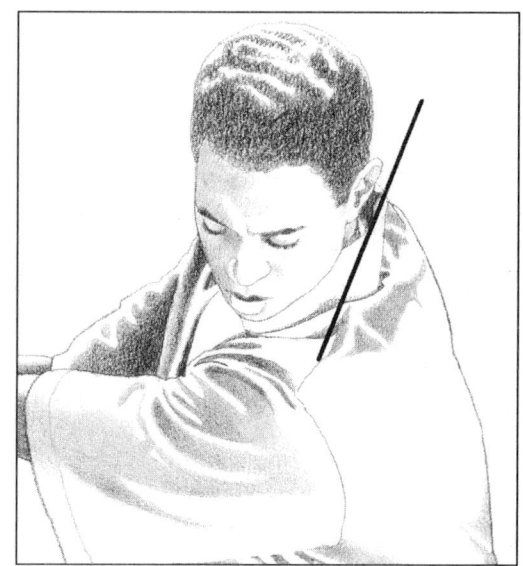

Tiger Kopfdrehung erlaubt ihm eine freiere, stärkere Schulterdrehbewegung durchzuführen.

Tigers fliegender rechter
Ellbogen bringt eine
stärkere Schulterdrehung
hervor.

Harmon glaubt, daß man den Kopf auch zwischen fünf bis acht Zentimeter frei vom Ziel wegbewegen kann, da auf diese Weise die Schultern als Hauptkraftquelle beim Golfschwung dienen. Er warnt allerdings davor, den Kopf hoch- und runterschwingen zu lassen, weil dieser
Fehler den Schwungrhythmus stört und dadurch fehlerhafte Schläge
verursacht.

Obwohl Tiger seinen Kopf rotieren läßt, bewegt er ihn, laut Harmon,
nicht vom Ball. Der Kopf ist schwerer als man glaubt, und wenn man
ihm erlaubt, sich frei nach rechts zu bewegen (nicht nur zu rotieren),
riskiert man, vom Ball abzuschwenken und das Gewicht inkorrekt auf
die Außenseite des rechten Fußes zu verlagern. Tiger und viele andere Powerspieler, die eine große spiralförmige Körperbewegung erzeugen, halten das Schwenken im Griff, indem sie das linke Knie nach
innen beugen und das rechte Knie etwas einknicken.

Um Ihnen zu helfen, das rechte Knie zu stützen, lassen Sie einen
Freund von hinten die gesamte Fläche rund um Ihr Knie festhalten,
während Sie eine langsame Rückschwungbewegung machen. Es gibt

Tiger drückt den Schläger von seiner ursprünglich »schwebenden«
Position herunter und schiebt ihn dann entlang der Ziellinie gerade weg.

Zu diesem Zeitpunkt bewegt sich Tigers Schläger genau an der Ziellinie zurück. Harmons Ratschlag, eine breitere Fußposition einzunehmen, hilft Tiger, einen langen Rückschwung einzuleiten.

Wenn Tigers Schultern sich im Uhrzeigersinn drehen, schwingt der Schläger automatisch innerhalb der Ziellinie – er zieht den Schläger nicht bewußt auf den Innenweg.

Hier beginnt Tiger den Schläger mehr nach außen zu schieben, um einen weiten Schwungbogen zu erreichen. Dies ist eine Hauptquelle seiner Kraft.

In diesem Stadium von Tigers Schwung ist es wichtig, daß die Handgelenke geschlossen bleiben. Wenn Sie diese Position erreichen, sollten sich Schläger, Arme und Schultern anfühlen, als wären sie miteinander verbunden.

Rick Grayson, einer der Toplehrer Amerikas, stellt fest: »Je mehr Tiger seine Arme und den Schläger verlängert, desto weiter wird sein Schwungbogen.«

Während sich das Gewicht auf den Drehpunkt des rechten Beins verlagert, ist Tigers rechtes Handgelenk leicht abgewinkelt, um den Schläger nach oben schwingen zu können.

Tigers kompakte Bewegung, wie Harmon sie Greg Norman und Davis Love beibrachte, läßt ihn kraftvolle, kontrollierte Tee-Shots ausführen.

Tigers seitliche Bewegung läßt die Arme, die Hände und den Schläger in die perfekte Schlagposition fallen. Aus dieser Lage kann man den Ball kaum verfehlen!

Je energischer Tiger seine Hüften bewegt, desto mehr springt der Schläger.
Tiger ist in der perfekten Bereitschaftsposition.

Golflehrer Jim McLean sagt folgendes über diese Position: »Je schneller die Körpermitte zum Ziel hindreht, desto schneller ist der Armschwung und desto mehr Schlägerkopfgeschwindigkeit wird erzeugt.«

»Tiger bleibt länger hinter dem Ball als jeder andere Spieler«, sagt der Altlehrmeister John Gerring. Deswegen setzt er soviel Kraft in seine Drives.

Einer der Gründe, warum Tiger den Ball so kraftvoll komprimiert, liegt darin, daß er unten bleibt und den Schläger weit nach dem Treffmoment ver-längert.

Der Widerstand, der zwischen Tigers Ober- und Unterkörper entsteht, ist ein Hauptschlüssel seiner kraftvollen Verlängerung und seines tiefen Durchdringens des Schlägerkopfs durch den Ball.

Tigers gerades linkes Bein beweist, daß er gegen eine feste linke Seite schlägt. Nur Kraftspieler wie John Daly machen es genauso.

Tigers ausbalancierte Endposition zeigt, daß ein Maximum an Kraft mit einem Maximum an Kontrolle kombiniert werden kann. Sein Tempo ist schnell, aber sein Rhythmus bleibt weich.

auch Klammern, erhältlich in Pro-Shops und Golf-Discount-Läden, die Ihnen helfen, durch fleißiges Üben eine feste Knieposition zu entwickeln. Egal wie, lernen Sie, das rechte Knie zu blockieren, weil dies der einzige Weg ist, sich gegen den Drehpunkt des rechten Beines zu winden.

Lassen Sie den Ellbogen »fliegen«

Nachdem sich Tigers Gewicht fest auf sein versteiftes rechtes Bein verlagert hat, fängt sein rechter Ellbogen an sich zu beugen und sein rechtes Handgelenk sich zu knicken. Viele Golfer denken, dies wäre eine bewußte Bewegung, aber dem ist nicht so. Das Schwung-

Jack Nicklaus machte die fliegende rechte Ellbogenposition bekannt.

gewicht des Schlägerkopfes löst die beugende/knickende Bewegung
aus.

Während Tiger weiter zurückschwingt, bewegt er seinen Ellbogen
frei vom Körper weg, was in den »Grundregeln« als grober techni-
scher Fehler angesehen wird. »Halten Sie Ihren rechten Ellbogen beim
Rückschwung an der Seite Ihres Körpers.« Das ist ein Ratschlag, den
Sie bestimmt im Unterricht von einem Lehrer oder von einem Tour-
Pro auf einem Lehrvideo gehört haben.

Genauso wie Arnold Palmer benutzt Tiger einen kompakten Schwung.

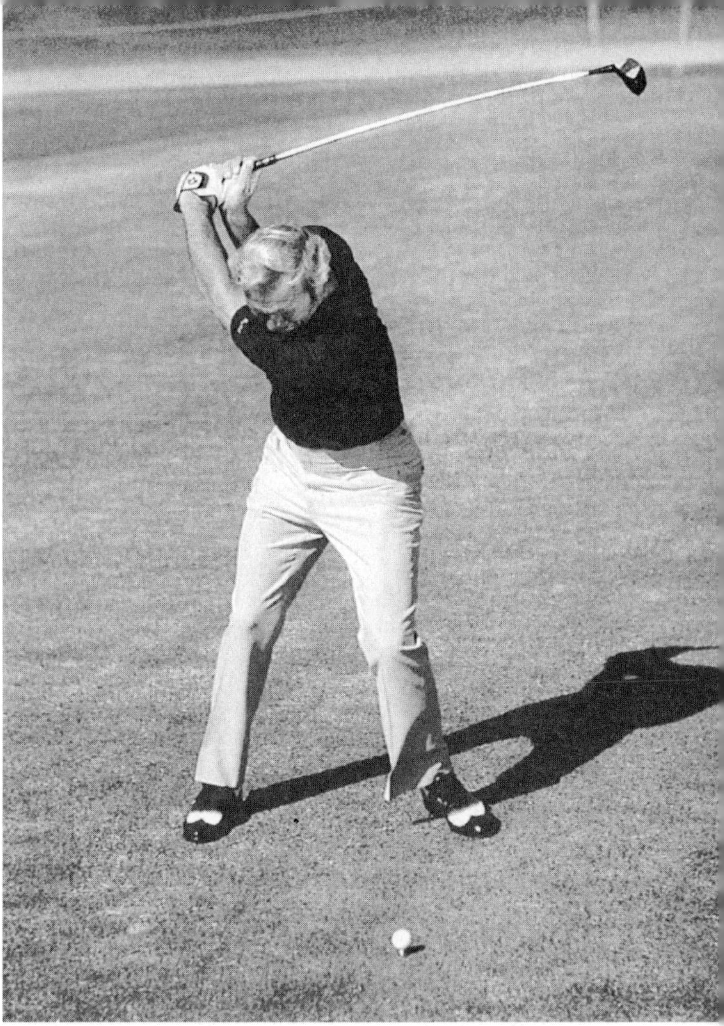

Der verstorbene Julius Boros, der Profi, von dem dieser Tip stammt, sagt in seinem Buch »Swing Easy, Hit Hard«: »Den rechten Ellbogen am höchsten Punkt des Schwunges unter dem Schläger halten. Dies bringt den Ellbogen bequem an die Seite des Körpers und verhilft zu einem geraden Schlag.«

Boros war ein großartiger Spieler. Er schwang jedoch auf einer solch flachen Ebene, daß er nichts anderes tun konnte, als seinen Ellbogen fest an der Seite zu halten. Boros hat die Kraft auch nicht durch eine starke Körperwindung erzeugt. Er verließ sich auf seine großen, kraftvollen, geübten Hände, um den Schläger in den Ball zu peitschen. Boros gehörte zu einer seltenen Spezies, er war ein so weicher Schwinger und wunderbarer Schütze, daß sein 1965 erschienenes Buch mit seinen letzten Tips fast so etwas wie eine Golf-Bibel wurde.

Im gleichen Jahr als Boros' Buch erschien, sagten viele sogenannte Offizielle, daß Nicklaus wegen seiner fliegenden rechten Ellbogenbewegung nicht lange bestehen würde. Noch überraschender ist allerdings die Tatsache, daß er zu diesem Zeitpunkt schon neun reguläre Tour-Events und drei Majors gewonnen hatte.

Nicklaus strafte seine Kritiker Lügen und wurde einer der größten Spieler aller Zeiten. Aber immer noch gibt es einige Lehrer, Top-Pros und Fernseh-Golf-Analytiker, die die Ellbogenposition nahe am Körper empfehlen.

Es gibt sogar einige sehr bekannte Lehrer, die glauben, man müßte den rechten Ellbogen so dicht am Körper halten, daß ein Taschentuch während des gesamten Rückschwungs in der Achselhöhle bleiben würde.

Diese Schwungart, von Boros bekannt gemacht, sollte nur von Spielern nachgeahmt werden, die sich wohl fühlen – und gute Ergebnisse erzielen –, wenn sie einen besonders flachen Schwung benutzen, der durch eine übertriebene Handbewegung geprägt ist. Der Rest von Ihnen, der zusätzliche Kraft durch eine riesige Schulterbewegung erzeugen möchte, der sollte es Tiger, Fred Couples und John Daly nachmachen, die alle den Ball weit weg vom Tee schlagen, weil sie sich selbst ihre »Ellbogenfreiheit« lassen. Sogar Corey Pavin, einer der akkuratesten und kreativsten Spieler auf der PGA-Tour, läßt seinen rechten Ellbogen fliegen.

Alle Befürworter der fliegenden rechten Ellbogenposition stimmen darin überein, daß sie einem erlaubt, die Schultern stärker hochzudrehen und einen weiten Bogen beizubehalten, indem man die Hände in eine hohe Position drückt.

Die Rückschwungbewegung kompakt halten

Neben dem fliegenden rechten Ellbogen fasziniert Golfer auch Tigers kompakter Schwung, vor allem weil die parallele Position von vielen Lehrern und Profis lange Zeit für die ideale At-the-top-Position gehalten wurde. »Parallel« bedeutet nur, daß der Schläger parallel zur Ziellinie liegt. Dies soll eine starke Drehung fördern und, noch wichtiger, dem Golfer die Möglichkeit geben, die Schlagfläche im Treffmoment gerade zum Ball zu führen.

Wie Arnold Palmer vor ihm, erzielt Tiger bessere Resultate, wenn er den Schläger fast parallel schwingt. Erinnern Sie sich, Tigers Schultern drehen sich um 120 Grad, seine Hüften um 40 Grad. Er erlangt

Tigers Schwung ist kompakt, aber dennoch schwingt er den Schläger in einem extrem weiten Bogen.

auch mehr als genug Widerstand zwischen seinem Ober- und Unterkörper, also gibt es für ihn keinen Grund, noch mehr nach hinten zu schwingen. Würde er zu weit nach hinten schwingen, wäre dies sehr schädlich, meint Gary Wiren, der zu den besten Lehrern und Golfexperten Amerikas zählt und das sehr informative PGA-Handbuch vorbereitet hat. Ich stimme überein, daß bei dem Versuch, zu weit nach hinten zu schwingen, der durchschnittliche Spieler dazu neigt, die Handgelenke zu stark abzuwinkeln, ein Fehler, durch den der Ball verschlagen werden kann.

Harmon, ein großer Verfechter des kurzen Schwungs, glaubt, der beste Weg, die Bewegung kompakt zu halten, sei, die Schultern vollkommen zu drehen, die Hüftbewegung einzuschränken und die Hände und Arme nicht zu weit nach hinten schwingen lassen.

Obwohl Tigers Rückschwung kompakt ist, setzt er seine Hände in eine hohe Position, um einen weiten Schwungbogen zu erhalten. Er erzeugt noch zusätzlich Kraft, indem er seinen Rücken zum Ziel dreht. Tiger ist so aufgezogen, daß er gezwungen wird, nach unten zu starten. Wenn man sich nicht vom Ball hochwinden kann, kann man sich auch nicht wieder herunterdrehen, und das bedeutet, Sie werden zum Ziel hingleiten anstatt einen kräftigen Abschwung zu vollbringen. Wenn das Schwungzentrum sich einmal vom Ball wegbewegt hat, besteht kein Raum mehr, um die Schlagfläche zu begradigen – der Ballkontakt kommt dann entweder durch eine offene Schlagfläche, das Resultat ist eine Blockierung oder ein Slice, oder einen Blitzschlag, der einen Hook verursacht, zustande.

Der bekannte Lehrer John Jacobs äußerte sich dazu in seinem Buch »Practical Golf«:

Es gibt eine einfache Methode, um zu wissen, ob man während des Rückschwungs richtig aufwindet. Versuchen Sie, am höchsten Punkt des Rückschwungs Ihre Position für zehn Sekunden zu halten. Wenn Sie die Feder wirklich gedehnt haben, werden Sie dies, wenn nicht als unmöglich, dann auf jeden Fall als sehr schwere muskulöse Anspannung empfinden.

Ich stimme mit Jacobs überein. In der Tat, wenn Sie sich richtig winden, werden Sie spüren, wie Ihr Unterkörper Sie zum Ziel hinzerrt, *ehe* Ihre Schultern ihre Drehung vollendet haben.

Tiger hat sich entschieden, zwei andere Schwunggrundlagen, die angeblich die At-the-top-Position beeinflussen, zu mißachten: das flache linke Handgelenk und die rechtwinklige Position der Schlagfläche. Tigers linkes Handgelenk ist leicht abgewinkelt und die Schlagfläche ist leicht geöffnet. Diese Position macht Tiger bei seinen Schlägen beweglicher. Wie Butch Harmon in einer Titelgeschichte des *GOLF Magazine* sagte: »Tiger bevorzugt jetzt diese Position, weil er aggressiver sein kann, ohne den Ball zu ersticken. Dies ist eine sichere Position für einen Fade, aber man kann auch einen kontrollierten Draw spielen, indem der Schläger beim Abschwung ein bißchen früher freigelassen wird.«

Nachdem ich mich gründlich mit Tigers Technik beschäftigt habe, kann ich eine Liste anführen, die die wichtigsten Schläger- und Körperpositionen zeigt, so daß Sie sich ein klares Bild von den korrekten Bewegungen machen können, die benötigt werden, um einen hocheffizienten, kraftvollen Rückschwung zu erzielen.

Tigers Rückschwung

1. Tigers linkes Knie dreht sich hinter den Ball, was eine solide Gewichtsverlagerung begünstigt.
2. Tiger verlagert 80 Prozent seines Körpergewichts auf seinen rechten Fuß und sein rechtes Bein.
3. Tigers Oberkörper bewegt sich seitlich, einige Zentimeter weg vom Ziel, um eine volle Drehpunktbewegung zu unterstützen.
4. Tiger versteift sein rechtes Knie und verhindert dadurch, daß sich seine Hüften im Uhrzeigersinn überdrehen.
5. Tiger dreht seine Hüften ungefähr 40 Grad.
6. Tigers Kinn dreht sich weg vom Ziel, um eine starke Drehung der linken Schulter zu unterstützen, die Schulter erst unter dem Kinn, dann über dem rechten Bein.
7. Tiger dreht seine Schultern ungefähr 120 Grad.
8. Tigers linkes Handgelenk ist entspannt und in einer leicht gewinkelten Position.

9. Tigers rechtes Handgelenk winkelt sich wegen des Schwunggewichtes des Schlägerkopfes etwas ab.
10. Tiger hält seinen Rückschwung kompakt.
11. Tigers Schläger ist leicht offen.

Muskelkraft

Einer der Gründe, daß Tiger solch eine starke Drehbewegung machen kann, die weich und rhythmisch die Bewegung des Körpers mit der Bewegung des Schlägers in Einklang bringt, sind seine starken, flexiblen Muskeln. Er benutzt nicht nur die Muskeln des unteren Rückens, sondern alle Muskeln, die beim Golfschwung angesprochen werden, inklusive denen des Nackens, des oberen Rückens, der Oberschenkel und der Waden.

Ehe Sie die vitalen Schwungbewegungen genauso ausführen können wie Tiger, ist es wichtig, daß Sie die folgenden einfachen Übungen täglich machen, damit Ihr Körper darauf vorbereitet wird, Tigers Power-Swing zu benutzen. Tiger scheut sich nicht davor, ein tägliches Training zu absolvieren. Auch Sie sollten regelmäßig Sport treiben, denn das ist auch eine gute Möglichkeit, den Power-Swing zu entwickeln.

Rücken beugen

1. Stehen Sie aufrecht, die Füße leicht gespreizt, und pressen Sie die Handflächen gegen den unteren Rücken.
2. Lehnen Sie sich bequem so weit es geht nach hinten.
3. Halten Sie diese Position und zählen Sie bis drei.
4. Kehren Sie wieder in die Ausgangsposition zurück.

Fünfmal wiederholen.

Ellbogen stoßen

1. Stellen Sie Ihre Füße schulterbreit auseinander, strecken Sie die Ellbogen an der Seite heraus (ähnlich wie Hühnerflügel) und pressen Sie Ihre Fäuste an die Brust.
2. Stoßen Sie Ihre Ellbogen nach hinten, aber halten Sie sie in der gleichen Höhe.
3. Halten Sie die Position und zählen Sie bis drei.
4. Kehren Sie in die ursprüngliche Position zurück.

Wiederholen Sie diese Übung zehnmal.

Seiten beugen

1. Aufrecht stehen, die Füße schulterbreit gespreizt und die Hände auf den Hüften.
2. Beugen Sie Ihren Körper so weit wie möglich nach links, ohne sich zu überdehnen.
3. Halten Sie die Position und zählen Sie bis zwei.
4. Wieder aufrichten.
5. Jetzt beugen Sie sich in die andere Richtung.
6. Halten Sie die Position.
7. Wieder aufrichten.

Wiederholen Sie diese Übung zehnmal.

Beine dehnen

1. Gehen Sie runter auf Hände und Knie.
2. Heben Sie Ihr linkes Bein und strecken es hinter sich aus.
3. Halten Sie diese Position und zählen Sie bis zwei.
4. Kehren Sie wieder in die Ausgangsposition zurück.
5. Machen Sie das gleiche mit dem rechten Bein.

Wiederholen Sie diese Übung fünfmal.

Nacken dehnen

1. Stehen Sie aufrecht und beugen Sie langsam Ihren Kopf nach hinten, bis Sie gerade in den Himmel schauen.
2. Halten Sie diese Position und zählen Sie bis zwei.

Wiederholen Sie diese Übung fünfmal.

Knie anheben

1. Stellen Sie sich gerade hin.
2. Heben Sie das linke Knie so hoch wie möglich an, umfassen Sie das Bein mit beiden Händen und drücken Sie das Knie gegen den Körper. Achten Sie darauf, dabei den Rücken gerade zu halten.
3. Die Position halten und bis drei zählen.
4. In die ursprüngliche Position zurückkehren.
5. Das gleiche mit dem rechten Knie machen.

Wiederholen Sie diese Übung fünfmal.

Ausbildungsarbeit:
So erlernen Sie Tigers Schwung

Übung 1: Um einen flachen Rückschwung zu erreichen

Um einen weiten Schwungbogen zu entwickeln und den Ball kraftvoll durch den Treffmoment zu fegen, müssen Sie damit anfangen, den Schläger nahe am Boden zurückzuschwingen. Wenn Sie ihn zu früh anheben, ist die ganze Kraft verloren. Um die richtige Bewegung zu lernen, machen Sie diese Übung:

- Den Ball aufteen.
- Stecken Sie ein zweites Tee ungefähr 50 Zentimeter entfernt direkt hinter dem aufgeteeten Ball in den Boden.
- Teen Sie den Ball für einen Abschlag mit dem Driver auf.

- Nehmen Sie den Schläger zurück und versuchen Sie das zweite Tee wegzuschieben. Diese Aktion wird vom V ihrer Arme und den Schultern kontrolliert.

Übung 2: Um die Kontrolle des Rückschwungs durch die Hände zu verhindern

Jack Nicklaus nannte die Hände einmal »Schwungvernichter«. Das trifft vor allem zu, wenn sie den Rückschwung kontrollieren. Sie brauchen den Schläger nicht mit Ihrer rechten Hand am Innenweg entlangzuziehen. Der Schläger folgt automatisch dieser Linie, vorausgesetzt Sie kontrollieren diese Bewegung mit den Schultern und dem Radius des linken Arms. So bekommen Sie ein Gefühl für die richtige Bewegung:

- Halten Sie den Schläger nur in der linken Hand.
- Greifen Sie Ihr linkes Handgelenk mit der rechten Hand.
- Schwingen Sie zurück.

Mit dieser Übung trainieren Sie, den Schläger mit den starken Muskeln Ihrer linken Schulter und mit dem linken Arm »zurückzuschieben« und nicht, ihn gewaltsam nach hinten zu reißen.

Übung 3: Um zu lernen, wie Sie eine weiche Rückschwungbewegung erreichen

Um einen Ball kraftvoll zu schlagen, ist die Koordination der Körperbewegungen mit der Bewegung des schwingenden Schlägers notwendig. Um beide miteinander zu verbinden, muß der Schwung langsam begonnen werden und dann langsam mehr Geschwindigkeit bekommen. Das ist so wie beim Autofahren, wenn Sie das sanfte Gasgeben mit einem abrupten Start vergleichen. Das langsame Aufbauen der Geschwindigkeit dient der Kontrolle.

Um ein schnelles Tempo auszugleichen, flüstern sie sehr langsam »eins, eintausend« während Sie nach hinten schwingen.

Übung 4: Um zu lernen, wie Sie Ihr Gewicht solide verlagern können

Um feste Schläge zu treffen, muß das Gewicht genau beim Rückschwung verlagert werden, so daß in dem Moment, wo Sie den nächsten Punkt erreicht haben, das ganze Gewicht auf dem rechten Fuß, dem rechten Bein und der Hüfte ruht und Sie bereit sind, den Schläger mit den Armen und Händen durch den Ball zu dreschen. Mit der folgenden Übung erreichen Sie eine solide Gewichtsverlagerung:

- Teen Sie einen Ball auf und nehmen Sie die Ansprechposition mit einem Driver ein.
- Schwingen Sie zurück und versuchen Sie, das linke Knie an dem Ball vorbeizurotieren. Diese Übung führt dazu, daß Sie Ihr Gewicht automatisch auf die rechte Seite verlagern.

Übung 5: Um ein Gefühl für den Drehpunkt zu entwickeln

Beim Rückschwung ist es äußerst wichtig, daß Sie nicht nur das Gewicht auf die rechte Seite verlagern, sondern dies tun, während Ihr rechtes Knie gebeugt ist. Wenn es gerade bleibt, oder nach außen zeigt, wird Ihre Drehung behindert und dadurch Ihre Fähigkeit, Kraft zu erzeugen, vernichtet. Es folgt eine Übung, bei der Sie fühlen können, wie das rechte Knie die Gewichtsverlagerung annimmt:

- Nehmen Sie Ihre normale Ansprechposition beim Driven ein.
- Schwingen Sie zurück, aber heben Sie auf halber Strecke Ihren linken Fuß vom Boden.
- Beenden Sie Ihren Rückschwung auf dem rechten Fuß.

Übung 6: Um eine kraftvolle Schulterdrehung zu fördern

Egal wie beweglich Sie sind, Sie werden Tigers unglaubliche Schulterdrehung nicht nachahmen können. Je stärker sie allerdings wird, desto besser, also versuchen Sie diese Übung, die entwickelt wurde, um die Schulterdrehung zu maximieren:

- Begeben Sie sich in die Setup-Position zu einem aufgeteeten Ball, der in der Mitte Ihrer Stellung positioniert wird.

- Schwingen Sie nach hinten und versuchen Sie, Ihre linke Schulter am Ball vorbeizudrehen.

Übung 7: Um eine übertriebene Hüftdrehung zu verhindern

Sie erreichen wesentlich mehr Power, wenn Sie die Schulterdrehung verstärken während die Hüftdrehung verkleinert wird. Wenn die Hüftdrehung zu übertrieben ist, zerstört man den Widerstand zwischen dem Ober- und dem Unterkörper. Um Kraft zu erzeugen, brauchen Sie diesen Widerstand. Um das richtige Gefühl für die richtige Menge Hüftdrehung zu bekommen, befolgen Sie diese Übung:

- Plazieren Sie den Ball unter der Außenseite Ihres rechten Fußes.
- Schwingen Sie zurück.

Der Keil, den Sie unter Ihrem Schuh gebaut haben, kontrolliert Ihre rechte Hüfte. Wenn Sie schwingen, werden Sie Ihre Schultern viel mehr drehen als Ihre Hüften.

Übung 8: Um eine flache Rückschwungebene zu erreichen

Um den Ball beim Aufschwung kraftvoll frei zu machen und einen weichen Draw zu spielen anstatt eines Slices, sollte der Rückschwung nicht zu steil sein.

Wenn der Rückschwung zu steil ist, schlägt man eher hohe, schwache Slices. Versuchen Sie diese Übung:

- Einen Ball aufteen.
- Als nächstes in einer übertrieben geschlossenen Position aufstellen, so daß die Zehen Ihrer Füße in die entgegengesetzte Richtung vom Ziel zeigen und Ihr Rücken praktisch zum Ziel zeigt.
- Schwingen Sie nach oben und fühlen Sie, wie sich der Schläger auf einem flacheren Weg und einer flacheren Ebene bewegt.

Übung 9: Um einen guten Armschwung zu erreichen und die Balance zu verbessern

Kraftvolle Schläge erzielen Sie mit einer großen Schlägerkopfgeschwindigkeit und wenn Sie den Ball mit dem Sweetspot oder dem mittleren Teil der Schlagfläche treffen. Um diese Ziele zu erreichen, müssen Sie die Geschwindigkeit Ihrer Arme vergrößern und in der Schlaggegend eine gute Balance bewahren.

Um ein gutes Gefühl für einen flüssigen Armschwung zu haben und um in der Balance zu bleiben, versuchen Sie Abschläge mit geschlossenen Füßen.

Übung 10: Zur Kontrolle des Schlägers am Rückschwungende

Einer der Hauptgründe, warum Tiger immer wieder die Schlagfläche gerade zum Ball setzt, ist seine feste Position am höchsten Punkt des Rückschwungs. Harmon hat ihm beigebracht, in allen Fingern den gleichen Druck zu bewahren, so daß er nie den Halt am Rückschwungende verliert.

Viele Amateure greifen mit ihrer rechten Hand zu leicht zu. Dadurch verlieren sie am Schwungende die Kontrolle über ihren Schläger. Dieser Ratschlag von dem Toplehrer Phil Ritson sollte Ihnen helfen, dieses Problem zu lösen.

Um so einen festen Griff wie Tiger zu bewahren, drücken Sie die Lebenslinie Ihrer rechten Handfläche gegen Ihren linken Daumen. Mit der folgenden Übung können Sie diese subtile aber wichtige Eigenschaft Ihres Schwungs überprüfen:

- Während Sie greifen, plazieren Sie eine Münze auf Ihrem linken Daumen.
- Schließen Sie Ihre rechte Handfläche über dem linken Daumen, wie Sie es normalerweise tun.
- Schwingen Sie nach oben und halten Sie dann an.
- Drehen Sie Ihren Kopf und schauen Sie Ihre Hände an, ohne den Griff zu ändern.

Wenn die Münze noch an ihrem Platz ist, haben Sie einen guten, festen Druck Ihrer Lebenslinie bewahrt. Wenn nicht, üben Sie weiter, bis Sie den Schläger oben kontrollieren.

Übung 11: Um zu lernen, wie der linke Arm richtig rotiert
Viele Golfer plazieren den Schläger am Schwungende in einer geschlossenen Position und pullen dann den Ball.

Sie erreichen einen guten Schwung nur auf einer Ebene, in der die Arme in einem Bogen schwingen, der etwas aufrechter ist als der der Schultern. Aber unabhängig davon wie der Winkel der Ebene ist, sollte der linke Arm während des Rückschwungs rotieren. Wenn Ihr Schwung diese Rotation des linken Armes vermissen läßt, wird sich Ihr Schläger schließen, während er im Bogen geführt wird. Versuchen Sie diese Übung:

- Stehen Sie aufrecht und schwingen Sie den Schläger wie einen Baseballschläger um sich. Achten Sie darauf, wie sich der linke Unterarm langsam im Uhrzeigersinn dreht. Das ist die Bewegung, die Sie anstreben.
- Führen Sie den Schläger zum Ball hinunter.
- Wenn Sie zurückschwingen, bilden Sie sich ein, daß sich der Schläger langsam öffnet. Der Schläger bleibt gerade zum Schwungbogen, also machen Sie nichts dagegen.

Übung 12: Um das Überschwingen zu verhindern
Beim Versuch, zusätzliche Schlägerkopfgeschwindigkeit zu erzeugen, um den Ball außer Sicht zu schlagen, neigen Spieler mit einem hohen Handicap dazu, weit mehr als parallel zu schlagen. Das hat zur Folge, daß die Handgelenke abgewinkelt werden; dies bringt den Spieler dazu, die Hände und Handgelenke zu früh loszulassen, was wiederum einen Fehlschlag zur Folge hat.

Um diesen Fehler zu korrigieren und eine kontrollierte Rückschwungposition wie Tiger zu bekommen, sollte man daran arbeiten, die Oberarme so nahe wie möglich an den Seiten der Brust zu halten, während man der linken Schultergegend erlaubt, sich vom Ball wegzudrehen. Sie sollten ein kompakteres Gefühl bekommen, wenn Sie das tun. Zur gleichen Zeit wird Ihr Schwung kürzer werden und Sie erreichen einen solideren Kontakt und eine bessere Kontrolle.

Tigers explosive Position im Treffmoment.

3 KRAFT ENTFESSELN

**Tigers einmalige schraubende Bewegung und
die hohe Schlägerkopfgeschwindigkeit,
die er erreicht, erzeugen kraftvolle Drives.**

Wenn man Tiger Woods beobachtet, wie er sich auf einen Drive vorbereitet, ist es nicht schwer, sich einen Tiger im Dschungel vorzustellen, der sich auf einen Beuteangriff vorbereitet und dann tatsächlich angreift.

Während er in der Ansprechposition steht, starrt Tiger aufmerksam auf den Ball und wartet auf Nachrichten, die von seinem Gehirn in seinen Körper geleitet werden:

Instruktionen, die ihm helfen werden, den Ball im Treffmoment zu beschleunigen. Während diese Nachrichten in seinen Kopf gelangen, blinzelt er langsam und nimmt alles in sich auf, konzentriert sich, seine Muskeln sind entspannt, und er bereitet sich auf die Bewegung vor. Seine Mutter, eine in Thailand geborene Buddhistin, lehrte ihn, seinen Geist zu beruhigen.

Da ist der Tiger, der im Busch sitzt, seine flammenden Augen auf ein Zebra gerichtet, das getrennt von seiner Herde steht. Wie Woods wiederholt der Tiger eine Strategie, wartet dann ab, bis das Gehirn dem Körper Anweisungen gibt.

Es ist Zeit zu agieren.

Tiger nimmt den Schläger langsam zurück, während er den Ball anstarrt.

Der Tiger schleicht durch das hohe Gras der Prärie, seine Augen verlassen das Opfer nie.

Tiger beschleunigt langsam die Schlägerkopfgeschwindigkeit.

Der Tiger läuft auch etwas schneller.

Tiger hält am Rückschwungende inne.

Der Tiger hält inne.

Tiger beginnt den Abschwung.

Der Tiger bewegt sich langsam nach vorne.

Tigers Schwung wird schneller und schneller, während der Schläger zum Ball rast.

Der Tiger gewinnt an Geschwindigkeit, während er sich seiner Beute nähert.

Tigers Schläger bewegt sich so schnell, daß er »blitzt«. Er ist genau aufs Ziel gerichtet, der Schlägerkopf bewegt sich exakt auf den Ball zu. Tiger ist bereit für die Jagd. Tigers feurige Aggression kommt von seinem Vater, einem Green Beret Oberstleutnant.

Der Tiger zielt genau auf das Zebra; jetzt gibt es kein Halten mehr und keine Hoffnung für die Beute.

Rums! Keine Gnade.

Gerissen! Keine Gnade.

Im ersten Kapitel lernten Sie, wie Woods sich darauf vorbereitet, den Kraftschwung anzuwenden. Im zweiten Kapitel lernten Sie, wie er Kraft erzeugt. In diesem Kapitel werden Sie lernen, wie man die Kraft entfesselt und den Ball weiter schlägt.

Der Abschwung ist eine komplexe Bewegung und erfordert die genaue Abstimmung von Körper und Schläger. Es bedarf nur ungefähr eine fünfzigstel Sekunde, um den Schläger von oben zum Ball herunterzuschwingen. Deswegen ist es sehr wichtig, daß Sie die folgenden Instruktionen sorgfältig lesen, um jede einzelne wichtige Position anwenden zu können, damit es einfacher wird, die gesamte Bewegung zu meistern. Je mehr Sie die Photos und Zeichnungen von Tigers fast fehlerfreier Schwungtechnik studieren und die Übungen, um seine individuellen Körper-Schläger-Bewegungen zu lernen, nachahmen, desto schneller wird Ihr Abschwung eine fließende, ununterbrochene Bewegung.

Die seitliche Verschiebung

Wenn Tiger am höchsten Punkt des Schwunges angelangt ist, verschiebt er seine Hüften seitlich in Schlagrichtung. Einige Longhitter auf der PGA-Tour benutzen die gleiche Art von Unterkörperbewegung,

um den Abschwung auszulösen, doch sind ihre Bewegungen viel weniger kraftvoll. Tigers Gewichtsverlagerung und die herunterdrehenden Bewegungen sind viel dynamischer, weil er seinen rechten Fuß in dem Moment abdrückt, wo er seine Hüften zum Ziel hin bewegt. Als Ergebnis verlagert sich sein Gewicht vom rechten Fuß und Fußgelenk zum linken Fuß und Fußgelenk. Seine Knie und Hüften kehren zu fast der gleichen Position zurück, die er beim Ansprechen innehatte. Tigers Unterkörperbewegung ist kraftvoll, doch sehr weich und rhythmisch, zudem auch einzigartig, denn sie beginnt noch ehe Tigers Schwung die Richtung ändert. In der Tat glaubt David Leadbetter, daß sie früher beginnt. »Der Schläger geht immer noch zurück, während Tiger bereits den Abschwung einleitet«, sagt Leadbetter und fügt hinzu: »Die Wirkung ist wie ein Peitschenhieb.«

CBS-Golf-Analytiker Ken Venturi nennt das eine »Plumplag«-Bewegung und erklärte folgendes im *GOLF Magazine*:

Die Hüften und Beine machen eine pumpende Bewegung nach links, wobei die Hände und der Schläger nach hinten hängen ... Die ursprüngliche Richtung der pumpenden Bewegung ist seitlich, ein kurzer Rutsch (etwa 15 Zentimeter) des Unterkörpers, gefolgt von einer Drehung nach links.

Tigers Unterkörperbewegung ist so dynamisch, daß sie es ihm erlaubt, im Abschwung zurückzuschnellen und seine Arme, Hände und den Schläger mit der allergrößten Geschwindigkeit zum Ball zu peitschen.

Tigers Bewegung unterscheidet sich von der von Spielern mit mittlerem oder hohem Handicap. Diese Spieler sind so besorgt, den Ball zu treffen, wenn sie den höchsten Punkt des Schwunges erreichen, daß sie entweder den Griff fest drücken und den Schläger gerade herunterziehen oder versuchen, den Ball mit dem rechten Arm und der rechten Schulter zu schlagen. Diese beiden Fehler werden durch das unkontrollierbare Verlangen ausgelöst, den Ball zu schlagen, anstatt durch ihn hindurch zu schwingen, wie es Tiger und andere Kraftspieler tun. Spieler, die versuchen auf den Ball zu dreschen, versäumen es, ihren Unterkörper zu benutzen. Erinnern Sie sich: Wenn Sie Ihren Unterkörper aktiv benutzen, erzeugen Sie Kraft. Diese Bewegung muß korrekt in der richtigen Reihenfolge ablaufen, um sicher zu sein, daß sich der Schläger auf der erwünschten, flachen Abschwungebene be-

Tiger benutzt eine seitliche Bewegung seiner Hüften, um die Abschwung-bewegung auszulösen.

wegt, Sie Ihre Balance halten und den Ball mit dem Sweetspot der Schlagfläche treffen. (Was wichtig ist, um den Ball kraftvoll zu schlagen.)

Ehe Tiger bei Butch Harmon Unterricht nahm, hatte er ein Problem damit, eine technisch einwandfreie, ausbalancierte, rhythmische Abschwungbewegung auszuführen.

Der Grund dafür war, daß er, anstatt seine Hüften seitlich zu bewegen und sie dann zu öffnen, die abwindende Bewegung seines Unterkörpers so sehr übertrieb, daß er sich drehte und die Balance verlor. Harmon beseitigte diesen Fehler, indem er Tiger dazu anhielt, seinen rechten Fuß mehr auf dem Boden zu halten. Das Ergebnis: Tiger war in der Lage, gegen eine feste linke Seite zu schlagen.

Die Drop-Down-Bewegung:
Der Schläger muß in eine flache Ebene fallen

Tigers Schwung hat sich sehr verbessert, seitdem er mit Harmon arbeitet. Das kann man auch sehen: Wenn er seine druckverlagernde seitliche Bewegung auslöst, fallen die Hände so ziemlich auf Hüfthöhe und der Schläger in die optimale Schlagposition.

An diesem Punkt des Schwungs sind Tigers Schultern geschlossen und zeigen nach rechts vom Ziel. Das demonstriert, daß der Unterkörper den Abschwung führt. Der Zug der Hüften wird die Schultern ultimativ zwingen, durch den Schlag zu rotieren und die Arme, die Hände und den Schläger mit sich ziehen. Tigers linkes Knie bewegt sich

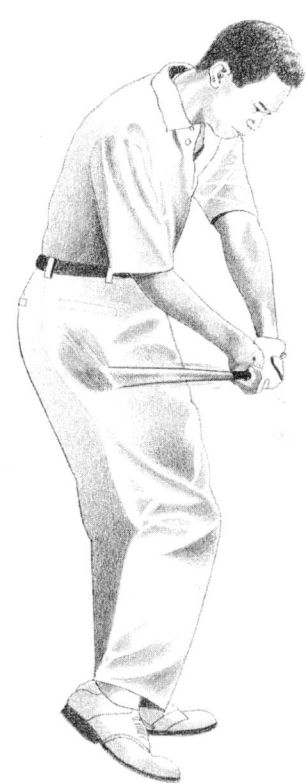

Tigers druckverlagernde Bewegung hilft ihm, den Schläger beim Abschwung auf eine flache Ebene fallen zu lassen.

seitlich zum Ziel hin, so daß es die Gewichtsverlagerung auf den linken Fuß akzeptieren kann. Die Bewegung des linken Knies mag zufällig aussehen, aber tatsächlich ist sie sehr wichtig, weil sie eine rhythmische Bewegung des Körpers, der Arme, Hände, Handgelenke und des Schlägers fördert. Bald darauf wird sich das rechte Knie nach innen bewegen und die linke Seite anregen, sich nach links zu bewegen, weg vom Ziel, während eine Triebkraft im Schlägerkopf erzeugt wird, die nötig ist, die Handgelenke zu entspannen und die Schlagfläche im Treffmoment zu begradigen. Mehr darüber später. Lassen Sie uns wieder Tigers hochkoordinierte Abschwungbewegung von dem Zeitpunkt an analysieren, wo der Schläger auf Hüfthöhe fällt.

Wenn der rechte Ellbogen nahe zum Körper fällt, gerät auch der Schläger in eine Ebene, die flacher ist als die, auf der der Schläger beim Rückschwung entlangschwang. Der Schläger muß auf dieser Ebene sein, um Ihnen zu ermöglichen, den Ball im Treffmoment kraftvoll vom Tee zu fegen. Diese gesamte Bewegung passiert fast automatisch, mit keiner bewußten Anstrengung von Tiger, den Schläger nach unten zu ziehen. Wenn Sie das tun, werden Sie den Ball verschlagen. Weil der Driver viel weniger Loft hat als ein kurzes Eisen, muß der Schläger eher in einer Stromlinie durch den Treffmoment geführt werden.

Wenn man Tiger beim Abschwung beobachtet, bekommt man das Gefühl, er hätte Tom Watson kopiert oder von Hogan Unterricht bekommen, der daran glaubt, man müßte den Schläger beim Abschwung in eine flache Ebene fallen lassen, indem man die Hüften nach links zurückdreht und die rechte Schulter senkt. Indem Tiger auf dieser Ebene nach unten schwingt, schlägt er von innen heraus, was ihn befähigt, maximale Schlägerkopfgeschwindigkeit zu erreichen und den Ball kraftvoller zu treffen.

Der Übergang vom höchsten Punkt des Rückschwungs zum Auftreffen des Schlägers auf den Ball muß so genau abgestimmt sein, daß jeder kleinste Fehler – eine Verstärkung der Griffhaltung, eine übertriebene Bewegung bei der Gewichtsverlagerung oder eine frühe Drehung der Arme gegen den Uhrzeigersinn – dazu führt, den Schläger von seinem Weg zum Ball abzubringen und in der Folge den Ball zu verschlagen. Der Grund, warum Tigers Abschwungbewegung so gut ist, liegt darin, daß sie aus der guten Ansprech- und Rückschwungposition heraus natürlich fließen kann. Trotzdem muß Tiger immer

Tom Watsons' Start-Down-Bewegung ist der von Tiger ähnlich.

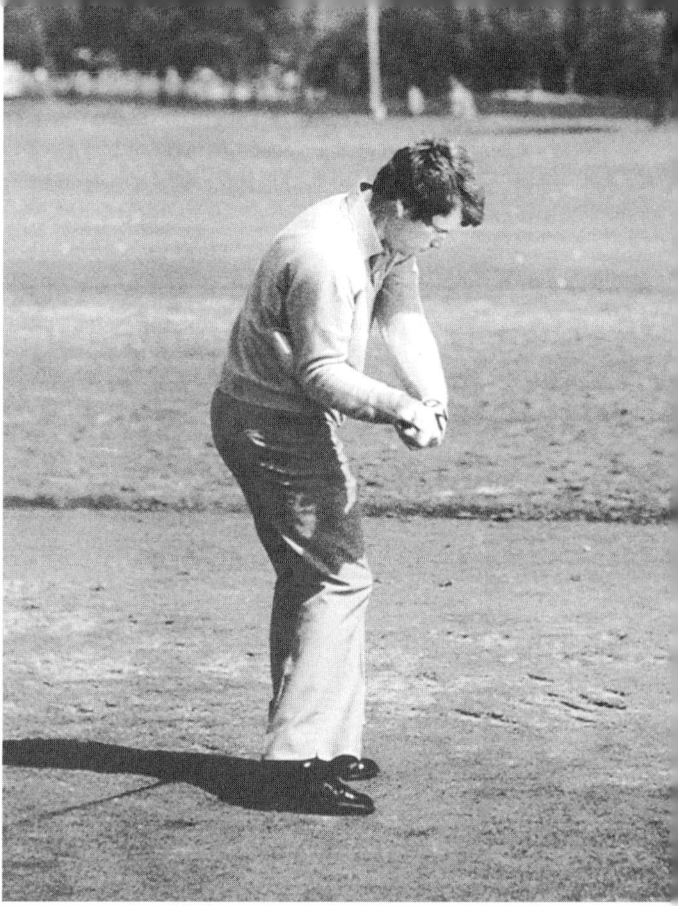

wieder sein Gewicht verlagern und seine Hüften nach links vom Ziel bewegen, damit es ihm möglich wird, durch die idealen Positionen zu schwingen – als würde er Punkte auf einem Blatt verbinden – und den Schläger auf dem richtigen Weg und der richtigen Ebene zu führen.

Ein anderer Grund, warum Tigers Abschwungbewegung so professionell ist und zum Großteil wie ein Autopilot funktioniert, ist seine exzellente Arbeit beim Aufbau des Drehmoments beim Rückschwung. Erinnern Sie sich, er windet seinen Oberkörper hoch wie ein Gummiband, denn er weiß, daß dies die einzige Möglichkeit ist, eine natürliche herunterschraubende Bewegung – und zudem noch eine kraftvolle – beim Abschwung zu erlangen. Er entwickelt ein Maximum an Spannung zwischen dem Ober- und Unterkörper und versucht bewußt, so viel Drehung wie möglich aus den Schultern zu bekommen, während sich die Hüften nur mäßig drehen. Er entwickelt auch eine lebhafte Spannung in den starken Muskeln seines Rückens und seiner Beine. Je mehr diese Spannung während des Abschwungs erhalten werden kann, desto schneller werden die Arme und der Schläger in die Luft fliegen. Der Schlüssel, diese lebende Spannung besonders im Oberkörper zu behalten, ist der richtige Gebrauch der Beine beim Abschwung. Die Beine sollen sich vor dem Oberkörper bewegen, so daß die Muskeln durch den Rücken bis zu einem gewissen Grad gespannt bleiben, um sich dann, wenn sich der Schläger in der perfekten Schlagposition befindet, kraftvoll herunterzuschrauben.

Eine flexible Unterkörperbewegung und die Wichtigkeit der Körpermitte

Die richtige Benutzung der Beine erlaubt Tiger, die geknickte Haltung der Handgelenke während der Abschwungbewegung zu erhalten. Um die Beine dazu zu bringen, daß sie kraftvoll arbeiten, schwenkt er sein linkes Knie seitlich und dann zum Ziel herum und ist immer darauf bedacht, eine gewisse Beugung im linken Kniegelenk zu erhalten. Harmon betont die Wichtigkeit, die Beugung im linken Bein beizubehalten, denn sie verhindert, daß man überschwingt. Wenn Tigers linkes Bein die Führung übernommen hat, drückt seine gesamte rechte Seite von der Innenseite des rechten Fußes und führt entlang der Ziellinie.

Obwohl Tiger seiner rechten Seite erlaubt, beim Aufschwung früh ins Spiel zu kommen, ist die linke Seite die führende, denn sie ist die Hauptverbindung zur Kraft. Wenn sich das Gewicht auf Tigers linken Fuß und das Fußgelenk verlagert hat und der Schläger in die Schlagposition gefallen ist, beginnt er, seine linke Hüfte weiter entgegen dem Uhrzeigersinn zu drehen. Fast gleichzeitig rotiert er die Mitte seines Unterkörpers (Bauchnabel) so schnell wie möglich zum Ziel hin. Diese koordinierte Bewegung ist, laut Lehrer Jim McLean, die wichtigste Kraftquelle beim Abschwung.

McLean erklärt das so: »Je schneller die Körpermitte zum Ziel hin rotiert, desto schneller entwirrt und entschraubt sich die Hüfte, desto schneller schwingen die Arme, desto mehr Schlägerkopfgeschwindigkeit wird erzeugt und desto weiter fliegt der Ball.«

Nicklaus dazu in »Golf My Way«: »Wenn der Schwung einmal vollkommen die Richtung geändert hat, gebe ich voll Gas, es sind immer meine Beine und Hüften, die den Schläger motivieren. Denken Sie daran, wie das Drücken des Gaspedals in Ihrem Auto den Motor dazu bringt, die Getriebewelle schneller und schneller laufen zu lassen. Ähnlich ist es mit meinen stoßenden Beinen und Hüften: Indem sie meine Schultern zwingen, sich zu drehen, machen sie meine Arme und den Schläger schneller und schneller.«

Den Abschwung mit einer seitlichen Bewegung der Hüften zu beginnen und sie dann entgegen dem Uhrzeigersinn zu drehen, ist etwas, womit der durchschnittliche Amateur Schwierigkeiten hat. Diese Übung, die mir Harmon beibrachte, hilft Ihnen vielleicht, einen schlafenden Unterkörper zu wecken und die Qualität Ihrer Schläge zu verbessern:

1. Schwingen Sie ohne Ball nach oben.
2. Halten Sie für einige Sekunden inne.
3. Schwingen Sie herunter, konzentrieren Sie sich darauf, Ihren Unterkörper leicht zu einem entfernten Zielpunkt hin zu stoßen, und zwar einen Sekundenbruchteil bevor Sie Ihre linke Hüfte vom gleichen Ziel wegdrehen. Von einer statischen Position aus zu beginnen und dann bewußt den Abschwung mit dem Unterkörper auszulösen, wird verhindern, daß Sie fehlerhafte Überschwünge machen.
4. Einen Ball aufteen.
5. Schwingen Sie und lassen Sie Ihren Unterkörper die Führung übernehmen. Sofort werden Sie merken, wie Ihr Abschwung automatisiert wird, und Sie werden Ihren Ball das Fairway hinunterfliegen sehen.

Vertrauen Sie auf Ihren Körper

Ein weiteres Element in Tigers Abschwung, das ihn von seinen PGA-Tour-Mitspielern differenziert, ist seine unheimliche Fähigkeit, auf den Schläger zu warten. Während seine Beine zum Ziel hin drehen und

Während Tigers Unterkörper zum Ziel hinschwingt, widersteht sein Oberkörper.

seine linke Hüfte sich öffnet, behält er seinen Kopf hinter dem Ball. Dieser Widerstand zwischen dem Ober- und dem Unterkörper entwickelt ein kraftvolles Drehmoment, was sehr wichtig ist, um den Ball hart zu schlagen.

Im Gegensatz zum durchschnittlichen Amateur, ist Tiger nicht besorgt, den Ball zu treffen. Er achtet darauf, zentriert zu bleiben, während sich sein Unterkörper zum Ziel hin dreht, und den Schläger leise nach unten fallen zu lassen, während seine Hände ruhig bleiben und seine Handgelenke ihre abgewinkelte Position beibehalten. Vor allem will er, daß der Schläger in eine Position parallel zum Boden fällt, ehe die Zentrifugalkraft den Schlägerkopf nach außen zum Ball hin bewegt. Diese parallele Position ist fast allen Kraftspielern bekannt. Der Grund

dafür: Wenn Sie in diese Position kommen, befinden Sie sich in einer Haltung, in der Sie den Schlägerkopf gerade zum Ball führen. Wenn Sie diese gerade Berührung mit Geschwindigkeit ergänzen, schlagen Sie lange Drives.

Amateure tendieren dazu, ihre Hände und Handgelenke früh loszulassen, denn sie wollen den Schläger instinktiv dirigieren oder steuern. Dieser Fehler verhindert nicht nur, daß der Schläger in die klassische parallele Position kommt, sondern stört die ganze natürliche Schwungbewegung des Schlägers.

Tiger hingegen vertraut auf seinen Schwung. Er weiß, daß solange er seine Hüfte herabschraubt und eine gute Balance beibehält, seine Arme und Hände den Schläger gerade zum Ball führen werden. Auch Sie sollten es wie Tiger machen und beim Herunterschwingen die Geduld haben, darauf zu warten, bis der Schläger nach unten fällt und dann loszulassen. Wenn Tigers Hände einmal auf Taillenhöhe gefallen sind und sein rechter Ellbogen nahe an seinem Körper gehalten wird, beginnt er, sich fester von seinem rechten Fuß abzudrücken. Dies macht seine Unterkörperbewegung noch robuster.

Wenn Tiger sein Gewicht mehr und mehr auf den rechten Fuß und auf das rechte Fußgelenk verlagert, seine linke Hüfte weiter weg vom Ziel herumschraubt und die Mitte seines Unterkörpers zum Ziel hindreht, fängt der Schlägerkopf an, sich von einem Innenweg nach außen zum Ball hinzubewegen. Nur indem diese seitlich öffnende Bewegung benutzt wird, kann man eine Passage für den Schlägerkopf öffnen, um auf dem korrekten Abschwungweg zu schwingen und ihn gerade zum Ball zu führen.

Die Kraftneigung

Wenn Sie an Ihrem Schwung arbeiten, werden Sie sicherlich einen weiteren einzigartigen Aspekt von Tigers Abschwung schätzen. Je mehr Tiger seinen Unterkörper zum Ziel hin dreht, desto weiter bewegt sich sein Oberkörper vom Ziel weg.

Die ganze Bewegung Ihres Golfschwungs vor dem Treffmoment hat Ihnen im Idealfall die Möglichkeit gegeben, eine große Menge Schlägerkopfgeschwindigkeit aufzubauen, um sie in der Schlagzone zu be-

Während die Mitte von Tigers Unterkörper (Bauchnabel) zum Ziel hin rotiert, bewegt sich der Schläger nach außen zum Ball.

nutzen. Wenn Sie es jedoch versäumen, den Ball mit der Mitte der Schlagfläche zu treffen, wird nur eine kleine Energiemenge Ihres Schwunges auf den Ball übertragen, und Sie werden an Länge verlieren.

Um sich jede Chance eines soliden Kontakts zu geben, müssen Sie einen festen Schwunganker durch die Schlagzone hindurch beibehalten. Dies bedeutet, daß Sie Ihren Kopf und Oberkörper noch lange nachdem der Ball getroffen wurde in Position halten müssen. Sie sollten das Gefühl haben, als würde die ziehende Bewegung, die durch das

Drehen der Beine in Gang gesetzt wurde, Ihre rechte Seite zwingen, sich nach unten durch die Treffmomentgegend und dann heraus zum Ziel hin zu bewegen.

Die gute seitliche Bewegung in den Beinen während des Treffmoments fängt Tigers Schwung auf, sobald der Schläger sich dem Ball nähert. Je näher der Schläger dem Ball kommt, desto stärker senkt sich die rechte Hüfte und steigt die linke. Das ist nicht die einzige kolbenartige Bewegung in Tigers Abschwung. Nachdem seine rechte Schulter entgegen dem Uhrzeigersinn rotiert und in eine gerade Haltung zurückgekehrt ist, taucht sie nach unten während sich seine linke Schulter hebt. Mehr noch, wenn sich Tiger der Schlagzone nähert, ist sein rechtes Knie noch mehr gebogen und das linke verliert etwas Spannung. Trotzdem: Solange sich der Unterkörper zum Ziel hin bewegt, während der Kopf und der Oberkörper davon weggebogen sind, erlaubt der entwickelte Widerstand Tiger einen stromlinienartigen Winkel zum Angriff, und der Ball wird kraftvoll von seinem Tee gefegt.

Tigers Setup-Geheimnis und dessen Einfluß auf den Abschwung

Ein paar einzigartige Körperbewegungen, die eine mit der linken Schulter, die andere mit dem Kopf, lassen Tiger den Ball kräftiger schlagen als seine Tour-Mitspieler.

Sie werden sich erinnern, im ersten Kapitel sprachen wir über Tigers Geheimnis, die Füße rechts vom Ziel in einer geschlossenen Position und die Schultern links vom Ziel in einer offenen Position zu plazieren. Im zweiten Kapitel haben Sie entdeckt, wie Tigers Setup ihm die Fähigkeit gibt, eine größere Drehung zu machen, während der Schwung kompakt bleibt, und daß er sich keine Gedanken machen muß, auf einer zu flachen Ebene zu spielen. Nun werde ich Ihnen zeigen, wie ihm seine Schulterposition ermöglicht, den Schläger im Treffmoment bis zum Maximum zu beschleunigen.

Aufgrund seiner offenen Schulterposition ist Tiger in der Lage, seine gesamte linke Seite mehr und schneller zu öffnen. Er steigert die Schlägerkopfgeschwindigkeit ständig und schlägt den Ball im Durch-

Tigers Setup-Geheimnis unterstützt diese freie, kraftvolle, öffnende Bewegung der gesamten linken Seite im Treffmoment.

schnitt fast 280 Meter. Andere Profis, die aus dem Standard-Setup spielen, können sich nur auf eine starke Hüftbewegung verlassen, um die Schlägerkopfgeschwindigkeit zu erhöhen, und eine Passage für den Schläger öffnen, damit dieser im Treffmoment wieder gerade ist. Ihre Setups erlauben ihnen nicht, ihre Schultern und Oberkörper so wie Tiger zu öffnen. Das hindert sie daran, sich an seine Schlägerkopfgeschwindigkeit anzunähern. Wenn sich Tigers Arme begradigt und seine Handgelenke entspannt haben, tritt die Schlagfläche kraftvoll in den Ball.

Tigers ideale Trefferposition

Wenn Sie wissen, wie Tigers Trefferposition aussieht (was den Körper und den Schläger betrifft), werden Sie besser in den Treffmoment hineinschwingen können. Lassen Sie uns deshalb wiederholen:

- Tigers Unterkörper dreht noch zum Ziel hin, während sich sein Oberkörper vom Ziel wegbeugt. Diese schaukelnde Position ist ähnlich der von Nicklaus, als er Anfang der sechziger Jahre als kraftvoller Spieler auftauchte.
- Tigers beide Arme sind verlängert.
- Tigers linke Schulter ist viel höher als seine rechte.
- Tigers linke Hüfte ist etwas höher als seine rechte.
- Tigers linke Hüftbewegung ähnelt der des jungen Sam Snead.
- Tiger hat den Großteil seines Gewichtes auf seine linke Ferse und sein linkes Bein verlagert.
- Die Ferse von Tigers rechtem Fuß ist weit vor den Zehen des linken Fußes, so wie bei Ben Hogan während seiner Wunderjahre Anfang der Fünfziger.
- Tigers rechtes Knie rotiert zum Ziel hin, dies deutet eine kraftvolle, öffnende Bewegung an.
- Tigers linkes Handgelenk ist gewölbt oder abgewinkelt, noch ein Schwungmerkmal, das er mit Hogan teilt.

- Das V, das durch Tigers rechten Daumen und Zeigefinger geformt wird, stellt sich mit der Schlagfläche auf und deutet eine flüssige Hand-Arm-Drehung an.
- Der Schlägerkopf ist nicht auf dem Boden, sondern auf gleicher Höhe mit dem Ball und deutet einen stromlinienartigen Angriffswinkel an.
- Die Schlagfläche steht gerade zum Ball.

Das Geheimnis, eine Schlagfläche-zum-Ball-»Kompression« zu erlangen

Viele Amateure haben den Eindruck, daß, sobald sich der Schlägerkopf dem Ball nähert, der Schaft nach hinten gebeugt, und der Schlägerkopf hinter dem Schaft ist. Das Gegenteil trifft zu. Während der Schaft früher im Abschwung zurückgebogen ist, bekommt der Schlägerkopf in dem Moment, wo er den Ball erreicht, einen Kick, so daß er tatsächlich vor dem Schaft liegt, der nach vorne gebeugt ist. Die kickende Bewegung ergibt eine große Menge an Schlägerkopfgeschwindigkeit im Treffmoment und ist auch dafür verantwortlich, daß der Schlägerkopf im Treffmoment gerade zur Ziellinie steht. Wenn der Schaft weiterhin den Schlägerkopf zum und durch den Treffmoment führen würde, bliebe die Schlagfläche zur Ziellinie hin offen und ein Push oder Slice wäre das Resultat.

Ein anderes Mißverständnis betrifft die Art und Weise, wie die Schlagfläche zum Ball gebracht wird. Die Mehrzahl der Clubniveau-Spieler denkt, daß sie, um solide Schläge zu treffen, die Schlagfläche in eine gerade Treffmomentposition bringen müssen, während sich der Schläger mit einer Geschwindigkeit von ungefähr 160 Kilometern pro Stunde bewegt. Das ist nicht wahr.

Alle Kraftspieler erzeugen eine gerade Schlagfläche-zum-Ball-Kompression, anstatt eines Schlagfläche-zum-Ball-Kontakt. Der Schlägerkopf fegt nahe am Boden vorbei und gerade entlang der Ziellinie. Nach dem Aufprall mit der Schlagfläche ist er einen Sekundenbruchteil länger am Ball. Das macht sich bezahlt, wenn es auf zusätzliche Länge an-

Tiger drückt den Ball kraftvoll, weil er den Schläger durch den Treffmoment hindurch verlängert.

kommt, weil es wissenschaftlich bewiesen wurde, daß je länger der Ball gedrückt wird, er um so weiter fliegen wird.

Wenn es darauf ankommt, den Ball kraftvoll zu schlagen, ist John Daly der einzige Spieler, der nahe an Tiger herankommt. Doch der flache Punkt in Tigers Abschwung – der von einem Punkt einige Zentimeter hinter dem Ball bis hin zu einem Punkt einige Zentimeter vor dem Ball reicht – ist viel länger als der von Daly. Tiger behält die Schlagfläche nach dem Schlag länger am Ball. Deswegen kann er den Ball so kraftvoll – und auch wesentlich genauer als Daly – schlagen, ohne voll auszuschwingen.

Tigers einzigartige öffnende Bewegung ist nicht der einzige Grund, warum er den Ball vor, während und nach dem Aufprall tief in einer stromlinienförmigen Art bewegen kann. Durch die Schlagzone zwingen die stoßenden Bewegungen seiner rechten Hüfte und seines rechten Knies seinen Kopf, sich etwas weiter weg vom Ziel zu drehen. Diese besondere Bewegung unterstützt den Oberkörper, besonders die Schultern, dem Zug der unteren Hälfte zu widerstehen, bis seine Arme frei nach unten gefallen sind. So kontrollieren seine Arme die Schultern und nicht umgekehrt. Während Tigers Kopf nach hinten fällt und sich seine rechte Schulter unter sein Kinn dreht, bewegt sich der Schläger nach vorne. Wichtiger noch: Durch den zusätzlichen Widerstand zwischen dem Ober- und Unterkörper ist der Schläger schneller. Sehen Sie nur, wie Tiger den Schläger durch den Ball hindurch verlängert!

Tigers Durchschwung und seine Endposition sind ein direktes Ergebnis der vorangegangenen Schwungbewegungen und wurden idealerweise reflexiv erarbeitet. Sich mit diesen Positionen auf intellektueller und auf visueller Ebene vertraut zu machen, und der Versuch, sie nachzumachen, wird Ihnen die Möglichkeit geben, den Schläger bei maximaler, kontrollierter Geschwindigkeit durch den Ball zu beschleunigen. Tun Sie das, und Sie werden den Ball länger schlagen, als Sie je angenommen hätten. Was folgt sind Beschreibungen von Tigers wichtigen Positionen nach dem Schlag. Ich empfehle Ihnen, sie sorgfältig zu lesen und auch die begleitenden Photos von Tiger genau zu analysieren, auf denen sein Schwung im Durchschwung und im Abschluß gezeigt wird.

Im Durchschwung liegt Tigers Schläger parallel zur Ziellinie, mit der Spitze nach oben. Diese Position ist perfekt, denn sie zeigt, daß Tiger den Schläger vor und nach dem Schlag gerade zum Ziel gehalten hat. Tigers Position mit dem verlängerten rechten Arm und seine Kopf-zurück-Position erinnern an Hogan, der ebenfalls den Ball kraftvoll drückte. Da nur die Zehenspitze von Tigers rechtem Schuh den Boden berührt, ist es klar, daß er sein Gewicht stark auf seinen linken Fuß und sein linkes Bein verlagert hat. Tigers linke Hüfte und seine linke Schulter sind vom Ziel wegrotiert, was zeigt, daß er sich die Frei-

Die Art wie Tiger mit seinem Kopf und seinem Oberkörper widersteht, ähnelt Hogans Bewegung. Kein Wunder, denn beide sind bekannt für das kraftvolle Pressen des Balles.

heit genommen hat, eine ungehemmte Abschwungbewegung zu machen. Tigers rechter Unterarm und seine rechte Hand haben sich über seinen linken Unterarm und seine linke Hand bewegt. Sie demonstrieren eine fließende, loslassende Bewegung sowie einen Schwung innerhalb der Linie und innerhalb des Schlägerkopfweges.

Schläger, die nur kürzere Weiten erreichen, spannen oftmals Ihre Hände, Handgelenke und Unterarme zu sehr an, wenn sie versuchen, hart zu schwingen. Das hemmt die natürliche rotierende Bewegung, die beim Abschwung stattfinden sollte. Anstatt daß die rechte Hand während des Treffmoments über die linke rotiert, sollte die linke Hand den Schläger durch den unteren Teil des Schwungs ziehen, so daß die Schlagfläche im Treffmoment offen bleibt und der Schlag richtig wird. Um ein fließenderes Loslassen von Armen, Händen und Schläger zu erreichen, so wie Tiger es macht, behalten Sie den ziemlich leichten Griffdruck in allen Ihren Fingern bei. Obwohl es sich so anfühlen könnte, als würden Sie die Schlagfläche vor dem Treffmoment schließen, setzen Sie sie tatsächlich gerade zum Ball und zum Ziel. Sie werden nicht nur etwas mehr benötigten Schwung zur Schlägerkopfgeschwindigkeit addieren, sondern auch einen von rechts nach links geformten Schlag entwickeln, was zusätzliche Länge gibt.

Bei der Abschlußposition zeigt Tigers Gürtelschnalle leicht links vom Ziel weg, was für eine gute Hüftöffnung spricht. Viele Lehrer halten ihre Schüler an, beim Abschluß mit der Gürtelschnalle auf die gleiche Höhe wie das Ziel zu zeigen. Das konnte ich nie richtig verstehen. Als ich Golf lehrte, fand ich heraus, daß dieser Hinweis mehr Schaden anrichtete als Gutes tat, denn die Schüler machten eine so überaggressive seitliche Bewegung, daß die Hüftöffnung verhindert wurde. Das Resultat: Sie gingen in den Treffmoment mit einer geöffneten Schlagfläche und spielten einen Slice. Eine andere Sache, die Tiger beim Abschluß sehr gut macht, ist die Vollendung seiner Gewichtsverlagerung. Im Vergleich zum durchschnittlichen Spieler, der typischerweise einen großen Teil seines Gewichts auf dem rechten Fuß läßt, verlagert Tiger ca. 95 % seines Gewichts auf den linken Fuß, das Fußgelenk und das Bein. Er steht trotzdem mit außergewöhnlicher Balance aufrecht und zeigt volle Kontrolle über seinen Beschleunigungsschwung. Tigers linke Schulter endet tief und rund und demonstriert eine fließende Oberkörperöffnung. Der Schläger ist hinter seinem Genick und zeigt an, daß er frei und kraftvoll geschwungen hat.

Je schneller Sie mit dem Schläger von oben zu einem Punkt hinter Ihrem Nacken schwingen, desto größer wird die Schlägerkopfgeschwindigkeit und um so kraftvoller sind Ihre Schläge. Anstatt über die gesamte Abschwungposition nachzudenken und den Schwung damit roboterhaft zu machen, sollten Sie versuchen, Tigers Abschwungposition nachzuahmen, bei der sich der Schläger hinter dem Nacken befindet, und zwar in dem Augenblick, wo Sie den höchsten Punkt erreichen. Das ist eine Methode, um mit weicher Beschleunigung zu schwingen. Tigers Tee bleibt im Boden und beweist damit einen perfekten, stromlinienartigen Schlag und den höchstmöglichen Druck der Schlagfläche auf den Ball. Tigers Kopf rotiert zum Ziel, und seine Augen schauen auf das Fairway und zeigen, daß es letztendlich mit seiner rechten Seite einen Stoß zum Ziel hin gegeben hat. Viele der Spieler mit hohem Handicap verstehen die bekannten Hinweise »Kopf unten

Tigers Geschwindigkeit ist extrem schnell, aber sein ausbalancierter Abschluß beweist, daß er sie unter Kontrolle hat.

halten« und »Augen auf den Ball gerichtet« falsch. In der Tat ist »Ich habe hochgesehen« eine der typischen Ausreden für fast alle verschlagenen Bälle, vom Slice über den Hook bis zum Shank. Ironischerweise kann es zu schweren Fehlschlägen führen, wenn der Kopf zu lange unten gehalten wird. Indem der Golfer seinen Kopf bis zum bitteren Ende unten hält, spannt er seine ganze linke Seite an. Das behindert die Bewegungen im Abschluß des Schwungs. Schlimmer noch, dieser gehemmte Abschluß ist tatsächlich ein Ergebnis von Muskelspannung, die im Augenblick vor dem Treffmoment begann. Eine geringere Schlägerkopfgeschwindigkeit und ein grober Verlust von Länge sind das traurige Resultat. Bei Tigers Durchschwung verfolgt der Kopf den Flug des Balls auf natürlichem Weg und wird langsam durch die Drehung der Schultern hochgezogen. Die rechte Schulter geht eher als der Kopf durch eine niedrige Bewegung. Das ist der Schlüssel, um einige bekannte Fehler wie z. B. das Toppen zu beseitigen und die volle Übertragung der Kraft auf den Ball zu sichern.

Übung 1: Um zu lernen, wie der Unterkörper benutzt wird
Ein Hauptaspekt von Tigers Abschwung ist eine starke Unterkörperbewegung, die es ihm erlaubt, den Schläger in und durch den Ball zu stoßen. Die folgende Übung zeigt Ihnen, wie man eine lebhafte Beinbewegung fördert:

1. Tun Sie so, als wäre Klettband auf der Innenseite Ihrer beiden Kniescheiben.
2. Schwingen Sie normal zurück.
3. Beim Herunterführen versuchen Sie, Ihre Knie zusammenzuhalten.

Das rechte Knie wird das linke niemals einholen. Aber diese Übung wird mit Sicherheit helfen, einen langsamen Unterkörper zu aktivieren.

Übung 2: Um eine gute Hüftöffnung zu lernen

1. Nehmen Sie mit einem Driver Ihre Ansprechposition ein.
2. Als nächstes bitten Sie einen Freund, einen alten Schläger oder einen Holzstab in die Erde zu stecken, etwa 15 Zentimeter links von der Außenseite ihres linken Fußes.
3. Schwingen Sie normal zurück.
4. Schwingen Sie nach unten.
5. Wenn Sie Ihr Gewicht auf die linke Seite verlagert, und Ihre Hüften seitlich zum Ziel hinbewegt haben, drehen Sie den vorderen Teil der Hüfte nach links.

Üben Sie, bis Sie eine gute öffnende Hüftbewegung, wie die von Tiger, erreichen. Sie wird Ihnen helfen, das Stück Holz oder den alten Schläger nicht zu treffen.

Übung 3: Um die wichtige verzögerte Schlagposition zu lernen

Es folgt eine Übung, die ich von Jim McLean während einer seiner Power-School-Profi-Sitzungen im Doral Resort in Miami gelernt habe. Sie wurde dazu entwickelt, Schülern die verzögerte Schlagbewegung beizubringen, die Tiger und andere Kraftspieler benutzen.

1. Nehmen Sie eine kraftvolle, ausbalancierte Stellung ohne Schläger ein.
2. Schwingen Sie nach oben.
3. Beginnen Sie den Abschwung.
4. Wenn Ihre Hüften beginnen, sich zu entwinden, drücken Sie Ihren rechten Ellbogen in Ihre rechte Seite und hören Sie dann auf. Diese Bewegung verhindert, daß sich Ihr rechtes Handgelenk zu früh begradigt.

Wiederholen Sie diese Übung, um einen verzögerten Schlag zu routinieren. Wenn Sie glauben, ihn im Muskelgedächtnis zu haben, versuchen Sie einige Drives. Sie sollten eine große Veränderung in Ihrer Distanz feststellen.

Übung 4: Um die rechte Hand zu zähmen

Da die meisten Golfamateure Rechtshänder sind, ist es ganz natürlich, daß sie die rechte Hand die Kontrolle beim Abschwung übernehmen lassen. Die rechte Hand kann aber ein Schwungzerstörer werden, wenn sie dominiert.

Tigers Lehrer Butch Harmon glaubt, daß im Schwung beide Hände eine gleichwertige Rolle spielen. Das erklärt auch, warum er Tiger immer wieder ermutigt, gleichmäßigen Druck in allen Fingern zu halten, wenn er den Schläger greift.

Wenn Sie das Gefühl haben, der Griff mit der rechten Hand veranlaßt Sie beim Schwung auf dem Weg nach unten dazu, die Bälle zu verschlagen, beachten Sie folgende Übung.

1. Schwingen Sie ein 5er-Eisen nach oben und halten Sie inne.
2. Beim Herunterschwingen lassen Sie den Schläger mit der rechten Hand los. Wiederholen Sie diese Übung zehnmal täglich eine ganze Woche lang.

Ich garantiere Ihnen, sie wird das Gleichgewicht Ihrer Hände wiederherstellen und Ihnen ermöglichen, kraftvollere, genauere Drives zu schlagen.

Übung 5: Um Ihnen zu helfen, Tigers seitlich schiebende Bewegung zu lernen

Das nächste Mal wenn Sie Tiger im Fernsehen sehen, drehen Sie die Lautstärke ab und beobachten Sie ganz genau seine Abschwungbewegung. Versuchen Sie ein Gefühl dafür zu bekommen, wie er vom rechten Fuß abdrückt.

Dann versuchen Sie auf der Driving-Range oder dem Kurs, seine Bewegung nachzuahmen. Ich garantiere Ihnen, Sie werden spüren, wie Sie mehr Schlägerkopfgeschwindigkeit erzeugen und den Ball weiter ins Fairway fliegen lassen.

Übung 6: Um die richtige Armrotation zu lernen

Um den Schläger von innen schwingen zu können, dann entlang der Linie und dann wieder innen, müssen der rechte Unterarm und die rechte Hand entgegen dem Uhrzeigersinn über den linken Unterarm und die linke Hand rotieren.

Damit Sie diese Bewegung verinnerlichen, üben Sie, einen Baseball-Sidearm zu werfen. Ahmen Sie den Wurf aus dem Handgelenk zur First Base nach, und Sie erhalten die Routine, die Sie für Ihr Spiel brauchen.

Übung 7: Um zu lernen, die linke Schulter zu öffnen

Diese Übung wird Ihnen das Gefühl geben, die linke Schulter genauso wie Tiger zu öffnen und in der Balance schwingen.

1. Schwingen Sie ein 5er-Eisen nach oben und halten Sie dann inne.
2. Heben Sie Ihren linken Fuß vom Boden.
3. Beginnen Sie wieder herunterzuschwingen und setzen Sie Ihren linken Fuß wieder auf.
4. Wenn der Schläger den Treffmoment erreicht, heben Sie Ihren rechten Fuß vom Boden und vervollständigen Sie den Schwung auf dem linken Fuß. Wenn Sie Ihre linke Schulter aus dem Weg rotieren lassen, werden Sie mit kontrollierter Geschwindigkeit schwingen und den Schläger gerade zum Ball bringen können. Auf diese Weise können Sie auch die Balance halten.

Bauen Sie diese wichtige Schulterbewegung in Ihren Driverschwung ein und beobachten Sie dann, wie der Ball abhebt.

Übung 8: Um ein freies Loslassen zu spüren

Die meisten Golfer mit hohem Handicap versuchen bewußt, den Schläger in den Ball hineinzudirigieren. Denken Sie daran: der Abschwung geschieht so schnell, daß man nicht jeden Schritt mental planen kann. Schalten Sie Ihren Kopf aus und lassen Sie nur Ihren Körper arbeiten, um ein freies Loslassen zu fördern.

1. Atmen Sie tief ein, während Sie nach oben schwingen.
2. Beim Herunterschwingen atmen Sie fest aus.

Schlagen Sie vor dem Spiel Bälle in dieser Art und bauen Sie dann diese freilaufende körperorientierte Abschwungbewegung in Ihren Schwung auf dem Kurs ein. Während Sie durch den Treffmoment schwingen wird der Ball im Weg des Schlägers sein.

Übung 9: Um sich an eine gebeugte linke Handgelenkposition zu gewöhnen

Versuchen Sie auf der Driving-Range ganz bewußt, Schläge mit der Ferse und der Spitze der Schlagfläche zu spielen. Diese unorthodoxe Übung lehrt Sie, die Position des Schlägerkopfes in der Schlagzone zu fühlen. Das macht es einfacher für Sie, den Ball mit dem Sweetspot der Schlagfläche zu finden, wenn Sie unter Druck stehen.

Übung 10: Um einen festen Schlagfläche-zum-Ball-Druck zu erhalten

Wahre Kraft erreichen Sie nicht damit, daß die Schlagfläche mit Geschwindigkeit gerade an den Ball gebracht wird. Je länger Sie den Schläger beim Aufprall erweitern und je länger Sie die Schlagfläche am Ball halten, desto länger werden Ihre Drives.

Um sich das Gefühl zu geben, den Schläger nahe am Boden zu verlängern, den flachen Punkt Ihres Schwungs auszudehnen und längeren Schlagfläche-zum-Ball-Druck zu erhalten, sollten Sie mittlere Eisenschläge aus Bergab-Lagen üben.

Wenn Sie den Schläger wieder in die Hände nehmen und diese Verlängerung nach dem Treffmoment in Ihre Bewegung einfügen, werden Ihre Schläge mindestens 20 Meter weiter fliegen.

Übung 11: Um sich einen vollen Durchschwung anzueignen

Viele Golfer heften Ihre Augen zu lange auf den Ball. Daraus resultiert, daß Sie Ihre Gewichtsverlagerung und ihre Schulter-Hüft-Bewegung nicht vervollständigen.

Wenn ein Video von Ihnen zeigt, daß Ihr Blick beim Durchschwung am Ball klebenbleibt, wird Ihnen diese Übung helfen, sich zu befreien:

1. Machen Sie Ihren normalen 5er-Eisen-Schwung, aber lassen Sie Ihren Kopf aus dem Schlag rotieren, wenn Sie durch den Treffmoment schwingen. Sie sollten sofort eine Befreiung von Muskelspannung spüren und eine Steigerung der Schlägerkopfgeschwindigkeit merken.
2. Bei Drives befreien Sie Ihren Kopf nach oben, und der Ball wird durch die Luft segeln.

Tigers kraftvolle Treffmomentposition wird Ihnen erlauben, stärkere Eisen-Schläge zu machen.

4 EISEN-POWER

**Tigers Schwung bei den Eisen-Schlägen
wird Ihnen helfen, Ihre Annäherungsschläge
zu verbessern und den Ball näher
an die Fahne zu spielen.**

Die Szene: Die Mercedes Championship 1997: Tiger Woods hatte wieder einmal Skeptiker in Gläubige verwandelt, indem er mit Tom Lehman, dem amtierenden Sieger der British Open, im regulären Spiel gleich zog. Das heißt schon was, denn Lehman ist ein ungestümer Golfer, der auch der PGA-Tour-Spieler des Jahres 1996 war. Doch jetzt stand der PGA-Tour-Rookie des Jahres 1996 Kopf an Kopf mit Lehman in einem sudden-death playoff am siebten Loch (ein 173 Meter langes Par-3-Loch).

Alle Augen waren auf Lehman gerichtet. Obwohl er es gewohnt war, im Rampenlicht zu stehen, sah er nervös aus. Zum Entsetzen des Publikums schlug er den Ball vom Tee ins Wasser. Jetzt, war das Beste, was er erwarten konnte, abgesehen von einer wundersamen 3, ein Bogey 4.

Tiger war als nächster am Tee. Er wählte ein 6er-Eisen. Als er sich selbstbewußt auf seinen Schwung vorbereitete, konnte ich die Aufregung in der Menge spüren, die, ihren Gesichtern nach zu urteilen, einen Stierkampf beobachteten und auf den todbringenden Stoß warteten. Tiger hat etwas von einem Matador. Er ist sehr selbstsicher, bedacht, kontrolliert. *Nike cool.*

Den Ball ansprechend, starrte er aufs Ziel und wartete dann darauf, daß sein Gehirn ihm bestätigte, daß die Art und Geschwindigkeit des Schwungs, den er sich vorstellte, richtig waren hinsichtlich der nassen und stürmischen Bedingungen und dessen, was Harmon ihm beigebracht hatte. Er hatte ihm vorher einen Auffrischungskurs gegeben, wie man einen Softdraw schlägt. Die Menge erwartete, daß er einen Schlag machen würde, der zur rechten Seite des Pins zielt und den Ball zurückdrehen läßt. Das war ja auch der sichere Schlag, zumal es keinen Sinn ergab, das Loch anzugreifen und sich mit dem Wasserhindernis auf der linken Seite anzulegen. Auch wenn der Ball sich in der Luft nicht nach links drehen sollte, würde er trotzdem auf der Puttingfläche aufkommen, nahe genug, um einen zweiten Par Putt und einen sicheren Gewinn zu garantieren. Tiger schaute auf den Ball. Er war bereit. Die Menge hielt inne. Die Spannung war ähnlich wie bei der letzten Szene von The Cincinnati Kid, als die Zuschauer darauf warteten, ob Steve McQueen, der freche Junge, die Gewinnerkarte erhält. Er hatte sie nicht. Die Frage war, hatte Tiger sie? Sie wußten, daß er schon Playoffs gewonnen hatte, als Amateur und als Profi, wie sein Sieg über Davis Love in Las Vegas bewies. In unseren Köpfen zählte das nicht allzuviel. Ich wollte sehen, ob Tiger, wenn es bei einem großen Turnier heiß wurde, sich beweisen konnte, indem er einen knackigen Eisen-Schlag aufs Grün legte.

Wenn es irgendwelche Bedenken darüber gab, ob es besser sei, unter Druck einen schwächeren Schläger zu benutzen und aggressiv zu schwingen, anstatt zu versuchen, den Schlag zu überlisten, dann waren sie nach Tigers Schlag zerstört. Er startete wie gewöhnlich, langsam zurückschwingend und auf dem Weg nach unten schnell Geschwindigkeit aufbauend, seine Arme und den Schläger dreschend. Bumm. Der Ball segelte hoch in die Luft, jeder fragte sich, wann er wieder auftreffen würde. Rumms! In der Sekunde, wo der Ball auf dem Grün aufschlug und nahe am Pin lag, brüllte die Menge. Abgang Lehman. Auftritt Tiger, jetzt ohne Widerrede der beste Spieler unter Druck im Golf, ein Mann, der vorher durch seine Powerdrives und seine Puttingfähigkeiten bekannt war. Jetzt hatte er der Welt seine Fähigkeit bewiesen, kraftvolle Eisen-Schläge ins Ziel zu treffen.

Tiger schießt nicht nur seine Eisenschläger höher als sogar Nicklaus während seiner besten Zeit, er schlägt sie auch weiter. Aber er schlägt sie genauso sauber wie Nicklaus.

Amateure möchten lernen, wie man ein Divot spielt, weil sie denken, daß die Profis auf diese Weise dem Ball Backspin geben. Es ist wahr, daß viele Spieler Divots nehmen und den Ball zum Loch backspinnen lassen. Um das mit einem Eisen 7 zu vollbringen – der Lieblingsschläger jedes Amateurs –, spielen Sie den Ball etwas innerhalb des Mittelpunktes Ihrer Haltung, winkeln das Handgelenk früh im Rückschwung, schwingen den Schläger auf einer sehr aufrechten Ebene und schlagen dann scharf auf den Ball. Was die Amateure nicht wissen, ist, daß der Ball zuerst getroffen wird und dann der Schläger ein Divot ausgräbt. Sie wissen auch nicht, daß es sich unter Umständen negativ auf ihr Spiel auswirkt, wenn sie ein Divot nehmen. Sand, Dreck oder Gras können beim Aufprall zwischen dem Ball und der Schlagfläche liegen, die Rillen des Schlägers verstopfen und den Ball zehn bis 20 Meter weiter in der Luft halten. Das behindert ihre Fähigkeit, die Entfernung bei Par-3-Löchern oder bei Annäherungsschlägen aufs Grün abzuschätzen. Die andere Gefahr ist, zu viel Backspin auf den Ball zu geben und ihn damit vom Grün oder in ein nahe gelegenes Hindernis oder in dichtes Gras zu befördern.

Seitdem Tiger von Harmon trainiert wird, ist er sich der Gefahr von Divots bewußt. Deswegen achtet er darauf, den Ball nicht zu weit zurück in seiner Haltung zu spielen, denn diese Position führt zu einem zu steilen Schwung. Tiger schlägt den Ball sauber und nimmt eigentlich überhaupt kein Divot, was erklärt, warum er so schnell und trotzdem so akkurat schwingen kann. Wenn er mit der gleichen Geschwindigkeit schwingen würde, kämen Flieger dabei heraus. Doch er schlägt mit ungeheurer Beschleunigung *durch* den Ball.

Tigers Modellmethode für einen sauberen Schlag

Tigers Schwungmethode mit den Eisen wird die Vorzeigetechnik der Zukunft, weil sie einfacher, effizienter, beständiger und kraftvoller ist. Natürlich werden Sie nicht an Tigers Schlägerkopfgeschwindigkeit herankommen, weil dieser junge Mann mit einigen besonderen Genen gesegnet ist, die auch Michael Jordan von anderen Basketballspielern unterscheidet. Sie werden den Ball auch nicht so weit schlagen können wie Tiger. Sie können aber durchaus in der Lage sein, die Bälle mit Ihren langen und mittleren Eisen weiter und gerader zu schlagen, wenn Sie die folgende Analyse von Tigers einzigartiger Technik lesen und sich die Photosequenz und die Zeichnungen am Ende dieses Kapitels genau ansehen, worauf Tiger ein Eisen 7 schwingt.

Tigers Power-Eisen-Setup

Tiger positioniert den Ball ungefähr zehn Zentimeter hinter seiner linken Ferse und stellt seine Füße einige Zentimeter näher zusammen als normal. Diese Haltung ist etwas anders als die, die er für Drives, Fairway-Hölzer und lange Eisen einnimmt, denn wenn er mit kurzen oder mittleren Eisen spielt, muß er keinen so weiten Schwungbogen und nicht so viel Kraft durch eine große Drehung erzeugen. Er winkelt die Handgelenke ein klein wenig früher ab, schwingt den Schläger auf einem etwas aufrechteren Bogen und benutzt eine bescheidenere Schulterdrehung, als wenn er einen längeren Schläger mit weniger Loft nimmt und dabei gigantisch aufdreht. Wegen der etwas aufrechteren Ebene kommt er mit einem spitzeren Winkel in den Ball und schlägt ihn forscher. Doch indem er andere unorthodoxe Änderungen bei seinem Setup vornimmt, verhindert er, daß der Bogen zu steil wird und der Ball in den Boden gegraben wird.

Typischerweise stellen sich Profis, die Divots nehmen, ganz besonders Mark McCumber, mit mehr Gewicht auf ihrem linken Fuß auf, die Hände gut vor dem Ball. Diese Stellung fördert eine sehr steile Schwungebene und einen scharfen, herunterführenden Schlag. Mc-Cumber kann den daraus resultierenden Fliegerschlag machen, weil er sein Spiel so gut beherrscht. Er wird jedoch als erster zugeben, manchmal von einem unkontrollierbaren »hot shot« in die Irre geführt zu werden.

Tiger dagegen schützt sich vor eventuellen Katastrophen, indem er seine Hände auf gleiche Höhe mit dem Ball oder etwas hinter den Ball setzt. Diese Handposition erlaubt eine gleichmäßige Rückschwungbewegung und das Zurückschwingen des Schlägers in einem relativ weiten Bogen.

Zugegeben, die Rückschwungbewegung, die er beim Spiel mit kurzen und mittleren Eisen macht ist kürzer als die für Schläge mit längeren Eisen. Die Weite des Bogens ist auch enger. Sie sollten jedoch beachten, daß Tiger den Schläger niemals schnell in einem steilen Winkel anhebt.

Tigers Setup-Geheimnis: Wieder an die Arbeit

Wenn Sie das Bild von Tiger mit einem Eisen 7 betrachten und es mit dem vergleichen, das er beim Driven benutzt, werden Sie sehen, daß seine Haltung insgesamt gleich ist. Er neigt jedoch seinen Kopf etwas mehr nach rechts, um mit mehr Gewicht auf dem rechten Fuß zu beginnen. Das hilft ihm auch, das Gewicht beim Abschwung länger auf der rechten Seite zu halten und einen sauberen, festen Kontakt

Tigers Power-Eisen-Setup.

mit dem Ball herzustellen, gerade wenn sich der Schläger nach oben bewegt. Es ist diese Art von festem Schlagfläche-zum-Ball-Kontakt, der es ihm ermöglicht, diese steil hochgezogenen Eisenschläge, die so schnell wieder herunterkommen, zu treffen. Er übertreibt auch seine Schulter- und Fußpositionen, die denen von Sam Snead ähneln. Seine geschlossene Haltung läßt ihn seine Hüften frei im Uhrzeigersinn drehen. Aber weil er seinen rechten Fuß ziemlich senkrecht zur Ziellinie setzt (anstatt ihn nach außen zu drehen), verhindert er, die Hüften zu überdrehen. Erinnern Sie sich: Eine eingeschränkte Hüftdrehung, kombiniert mit einer starken Schulterdrehung, fördert ein zusätzliches Drehmoment zwischen dem Ober- und Unterkörper und läßt Sie unweigerlich kraftvollere Schläge spielen.

Tigers geschlossene Haltung läßt ihn auch den Schläger innen zurückschwingen und seinen flat-spot im kommenden Treffmoment erhalten, er ermöglicht ihm aber gleichzeitig, den Ball nicht so sehr zu drücken wie bei seinen Drives. Seine offene Schulterhaltung verhindert, daß er seine Hüfte beim Rückschwung übertrieben dreht, und daß der Schläger auf einer zu abgerundeten Ebene zu weit hinter ihm schwingt. Wichtiger noch, die offene Schulterposition läßt Tiger den Schläger auf der richtigen Ebene schwingen, um dann beim Durchschlagen seine linke Seite freier öffnen zu können. Das Resultat: Er ist in der Lage, mehr Kraft in seine kurzen und mittleren Eisen-Schläge zu legen.

Tigers Power-Eisen-Rückschwung

Tiger benutzt die gleiche kontrollierte Arm-Schulter-Rückschwungbewegung wie bei längeren Schlägern. Er schwingt den Schläger in einem Stück zurück, während er die Hände und Handgelenke ruhig hält. Außerdem schwingt er tief am Boden, aber die ganze Bewegung ist kürzer, und seine Drehbewegung ist nicht ganz so voll. Der Grund für diese Veränderungen bei kurzen oder mittleren Eisen-Schlägen liegt darin, daß Präzision wichtiger ist als Kraft. Tiger versucht nicht 280 Meter weit zu schlagen, deswegen ist es nicht nötig, seinen Körper so eng hochzuschrauben oder das Gewicht auf seinen rechten Fuß und sein rechtes Bein zu verlagern.

Tigers Rückschwungbewegung für kurze und mittlere Eisen ist deshalb so kompakt, weil der Bogen, den er spielen will, enger ist als der, wenn er Drives, Fairway-Hölzer und lange Eisen benutzt.

Um seine Schulterdrehung anzupassen, dreht Tiger sein Kinn weg vom Ziel, begrenzt aber seine schraubende Bewegung, indem er das linke Knie nicht so weit zurückdreht wie beim Driven. Seine gerade rechte Fußposition wiederum hilft ihm, die Hüftbewegung zu minimieren.

Tiger programmiert Power in seine Schwungbewegung hinein, indem er seine Hände nach außen an seinem Körper vorbeischiebt, während die Handgelenke geschlossen bleiben. Weil Tigers erwünschter Schwungbogen enger ist, winkelt er sein rechtes Handgelenk nach oben ab, sobald die Hände Brusthöhe erreicht haben. Schauen Sie sich Tigers Drive-Schwung an, und Sie werden erkennen, daß im Augenblick des Schwungs sein rechtes Handgelenk noch geschlossen ist. Wenn sich sein rechtes Handgelenk dreht, schwingt er den Schläger hoch zum Dreiviertelpunkt, wohl wissend, daß diese extrem kompakte Bewegung ihm bei der Drehung und bei der Längenkontrolle helfen wird. Der Grund dafür, daß er mit jedem Schläger eine gleichmäßige Länge trifft, liegt darin, daß er fast jedes Mal den gleichen Schwung macht.

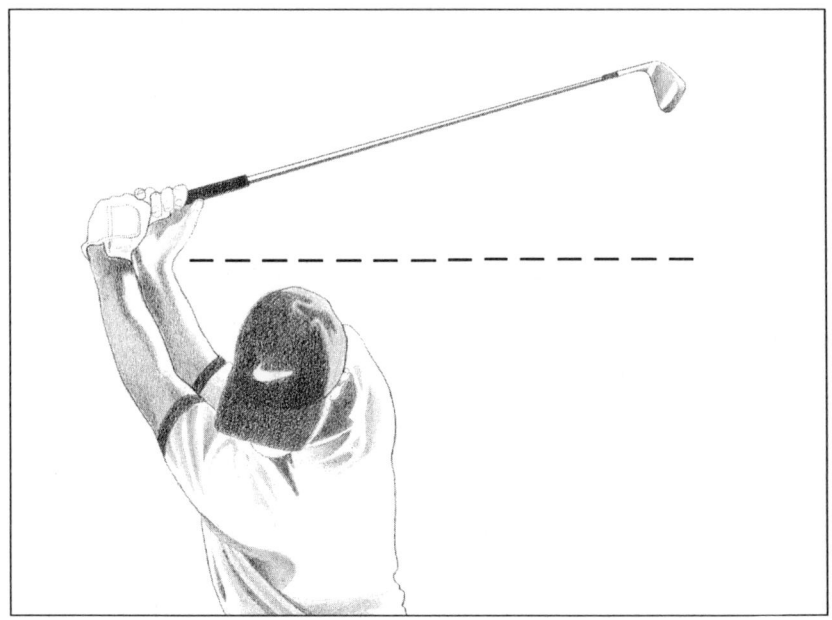

Der Rückschwung, den Tiger bei kurzen und mittleren Eisen benutzt, ist noch kompakter als seine Power-Drive-Bewegung.

Verglichen mit dem Drive-Schwung ist die Drehbewegung, die Tiger bei Eisen-Schlägen benutzt, nicht ganz so dynamisch. Trotzdem ist er noch sehr stark, und der Bogen, der entsteht, sehr weit. Die schraubende Bewegung des Körpers und der erweiterte Rückschwung sind wichtige Bindeglieder zu Tigers Power-Eisen-Spiel. Dennoch ist die unglaubliche Geschwindigkeit seiner Arme und seines Schlägers die Hauptursache, warum er den Ball soviel weiter schlagen kann als die Mehrheit seiner PGA-Tour-Mitspieler.

Tigers Power-Eisen-Abschwung

Weil Tigers Rückschwungbewegung kürzer und langsamer und seine Drehbewegung weniger kraftvoll ist, kann der Abschwung unmöglich eine reflexive Bewegung sein.

Beim Herunterschwingen drückt Tiger seine rechte Hüfte nach unten und nach innen, anstatt sich von seinem rechten Fuß abzustoßen. Sein linkes Knie bewegt sich weiter herein als es das beim Driven tut. Fast gleichzeitig öffnet sich seine linke Hüfte. Diese Abschwung-Auslöser erlauben den Armen und dem Schläger, automatisch in eine etwas flachere Ebene nach unten abzufallen. An diesem Punkt des Schwungs preßt Tiger seinen rechten Ellbogen an seine rechte Seite, während sein rechtes Handgelenk angewinkelt bleibt. Tiger zieht den Schläger nicht bewußt nach unten, denn er weiß, das würde den Winkel des Angriffs spitzer machen und ihn dazu verleiten, einen unkontrollierbaren Flieger zu schlagen. Sobald Tiger mehr Gewicht auf seine linke Seite verlagert und sein linkes Bein etwas gerader wird, um ihm eine feste Wand zu geben, gegen die er schlagen kann, fängt sein rechtes Handgelenk an, sich nach oben abzuwinkeln.

Wenn seine linke Hand auf gleicher Höhe mit dem Ball ist, fängt er an, sich von seinem rechten Fuß wegzudrücken, was noch zusätzliche Beschleunigung in seine Arme projiziert. Alles, was jetzt noch zu tun bleibt, ist das rechte Handgelenk ganz zu öffnen, aber nicht ehe der Schläger wieder entlang der Zielgeraden nahe am Boden zum Ball hinführt. Tiger will keinen scharfen Kontakt haben, indem er eine Hit-and-hold-Bewegung ausführt. Statt dessen möchte er wie die meisten Profis den Schläger auf einem flacheren Bogen in den Ball schwingen und den Ball erst beim Aufschwung berühren. Indem Sie die Unterkörpermitte zum Ziel hin drehen und die Hüften gleichzeitig ganz öffnen, wird es Ihnen möglich sein, dieses Ziel zu erreichen. Als Extra-Bonus erhalten Sie eine größere Schlägerkopfbeschleunigung.

Da Tiger sein rechtes Handgelenk so spät wie möglich begradigt, kann er die Schlagfläche in den Ball hineinschnappen lassen. Gegen sein festes linkes Bein zu schlagen erlaubt ihm, den Ball beim Aufschwung zu treffen. Sein Setup, das dem von Sam Snead ähnlich ist, läßt ihn seine linke Seite mehr öffnen als andere Profis und gibt ihm dadurch die Möglichkeit, den Schläger gerade zum Ziel zu führen. Wenn sich die Beine nur zum Ziel hin bewegen und die Hände weit vor dem Schläger bleiben, verliert die Schlagfläche etwas von ihrem wirkungsvollen Loft. Diese Art von Abschwung verursacht nicht nur, daß ein tiefes Divot gespielt wird, sondern läßt den Ball auch weiter und tiefer fliegen und beim Aufschlagen auf dem Boden weiter rollen. Erfahrene Eisen-Spieler wollen, daß der Ball bei der Landung auf dem Grün sehr schnell liegen bleibt. Ein weiterer Grund, warum Sie die Beine nicht zu fest schwingen oder die Hände im Treffmoment nicht zu weit vor dem Schläger halten sollten, ist, daß ihre natürliche Rotation der Arme, der Hände und des Schlägers – rechter Unterarm und rechte Hand über linkem Unterarm und linker Hand – vollkommen ruiniert wäre. Das Resultat: Die Schlagfläche stünde im Treffmoment offen, und Sie würden mit kurzen Eisen Fades bzw. mit mittleren Eisen Slices spielen.

Weil Tiger den Ball beim Aufschwung leicht berührt, bewegt sich der Schläger ganz natürlich durch den Treffmoment nach oben, bleibt aber einen Augenblick länger am Ball haften. Sein Schlagfläche-zum-

Tigers Angriffslinie ist viel flacher als die seiner Mitspieler, und genau das ist das Schlüsselelement für einen sauberen Kontakt der Schlagfläche zum Ball.

Ball-Druck ist nicht so stark wie beim Driver, aber er erzielt trotzdem noch mehr Druck als viele seiner Profikollegen.

Manche Lehrer kritisieren Tiger, denn sie glauben, sein schneller Schwung würde zu Problemen mit der Längenkontrolle führen. Tatsache ist aber, daß er kurze und mittlere Eisen wesentlich langsamer schwingt als den Driver. Überdies berührt sein Schläger wegen seiner speziellen Art den Ball zu treffen kaum das Gras.

Hacker haben oft Schwierigkeiten, mit verschiedenen Schlägern gleichmäßige Längen zu erzielen. Tiger gehört nicht zu diesen Spielern. Er hat vollkommene Kontrolle über seinen Schwung.

Die folgenden drei Übungen wurden dazu entwickelt, Ihren Lernprozeß über den Power-Eisen-Schwung zu beschleunigen.

Übung 1: Um sich Tigers Setup-Position anzueignen

Es hat gar keinen Sinn zu versuchen, wie Tiger zu schwingen, wenn man nicht sein Setup benutzt: Schultern offen, Füße geschlossen. Diese Ansprechposition ist so einzigartig, daß man sich erst daran gewöhnen muß. Es mag sich am Anfang sogar merkwürdig anfühlen, also neigt man dazu, zur eigenen Setup-Position zurückzukehren. Tiger hat sicherlich bewiesen, daß dieses Sam-Snead-Setup wahre Wunder bewirkt, wenn es darum geht, Eisen-Schläge weiter und weiter zu schlagen. Deswegen wird es sich für Sie lohnen, Tigers Setup einige Male täglich zu üben. Es wäre auch hilfreich, wenn ein Freund hinter Ihnen stünde, um die Schulter- und Fußpositionen zu überprüfen.

Übung 2: Um Tigers Rückschwungposition zu routinieren

Wenn er kurze und mittlere Eisen spielt, benutzt Tiger einen Dreiviertelschwung. Diese Längenbewegung wird Ihnen mehr Kontrolle und Kraft geben, weil Sie weniger dazu tendieren, die Handgelenke oben im Schwung zusammenkippen zu lassen und den Schläger beim Herunterführen zu früh loszulassen. So kann man sich einen kompakten Schwung aneignen:

1. Greifen Sie das entgegengesetzte Ende eines 7er-Eisens.
2. Sprechen Sie den Ball genauso wie Tiger an.

3. Schwingen Sie vor einem Spiegel und halten Sie am Dreiviertelpunkt inne.
4. Halten Sie die Position für zehn Sekunden und fühlen Sie sie.

Wiederholen Sie diese Übung eine Woche lang fünfmal täglich.

Machen Sie sich keine Sorgen über das Zusammenkippen Ihrer Handgelenke. Durch die unorthodoxe Art, den Schläger zu halten, wird es sich leichter anfühlen. Nur wenn Sie in diese Position schwingen und innehalten, um den Bewegungsablauf in Ihr Muskelgedächtnis aufzunehmen, können Sie diese Rückschwungposition auf dem Kurs wiederholen.

Übung 3: Um Tigers Abschwungbewegung zu lernen
Tiger macht einen besonders sauberen Schlagfläche-zum-Ball-Kontakt, da die Ebene auf der er den Schläger zum Treffmoment schwingt, flacher ist als die, auf der er den Schläger zurückgeführt hat.

Ein weiterer Grund, warum Tigers kurze und mittlere Eisenschläge so gerade und weit fliegen liegt darin, daß er gegen eine feste linke Seite schlägt. Diese Abschwungbewegung hilft ihm, den Ball in dem Augenblick zu treffen, wo der Schläger sich nach oben bewegt. Um die gleiche Durchschwung-Technik zu routinieren, üben Sie, mit kurzen Eisen in leichten Hanglagen zu schlagen.

Wann der Schwung steiler sein sollte

So genau Tiger auch ist, verfehlt er doch manchmal das Fairway und befindet sich in Situationen, in denen ein ganz anderes Setup und ein anderer Schwung benötigt wird. Es gibt Lagen, die eines steileren Schwungs bedürfen, z. B. wenn der Ball im tiefen Rough oder in einem Divot liegt oder wenn er in einen Fairwaybunker oder auf eine sandige Fläche fällt. Wenn Sie sich in einer solchen Lage befinden, versuchen Sie das folgende:

- Nehmen Sie den Ball zurück und legen Sie ihn rechts von der Mitte vor sich, so daß Ihre Hände weit davor positioniert sind. Verlagern Sie 70 Prozent Ihres Gewichts auf den linken Fuß.
- Winkeln Sie im Rückschwung frühzeitig Ihre Handgelenke ab, und schwingen Sie dann den Schläger in einem steilen Winkel nach oben.
- Ziehen Sie beim Herunterschwingen den Schläger nach unten hinten in den Ball und lassen Sie Ihre Hände führen. Weil der Schläger so scharf mit einer festen Schlagen-und-halten-Bewegung in den Ball geführt wird, gibt es keinen Durchschwung. Der Ball wird schnell herausfliegen und dann schnell in die Luft steigen. Wenn Sie spüren, daß die Schlagfläche im Treffmoment geöffnet ist, versuchen Sie die Hände beim Ansprechen etwas zu schließen und fester zuzugreifen.

Tigers
Power-Eisen-Technik

Beim Setup für ein kurzes oder mittleres Eisen kippt Tiger seinen Kopf mehr nach rechts. Das gibt ihm die Möglichkeit, den Ball genau dann zu treffen, wenn der Schläger nach oben schwingt.

Um einen zu steilen Rückschwung und einen zu scharfen Schlag zu vermeiden, nimmt Tiger den Schläger langsam zurück. Der durchschnittliche Spieler sollte sich Tigers Rückschwungposition gut einprägen und dann immer wieder üben. Das wird das allgemeine Problem von fetten Schlägen beheben.

Bei kurzen und mittleren Eisen-Schlägen macht Tiger eine kürzere Rückschwungbewegung.

Um einem Schwung Kraft zu geben, verlängert Tiger seine Arme und den Schläger nach hinten, weg vom Ziel.

Tiger winkelt sein rechtes Handgelenk früher ab als er es tut, wenn er einen längeren Schläger spielt. Wenn man ein kurzes bzw. mittleres Eisen benutzt, ist es nicht so wichtig, einem extren weiten Bogen zu entwickeln.

Harmon gab Tiger den Rat, eine kompaktere Rückschwungbewegung zu benutzen, die ihm bei seiner Drehung und bei der Längenkontrolle hilft.

Auf dem Weg nach unten schiebt Tiger seine rechte Hüfte nach unten und nach innen und gibt dem Schläger mehr Beschleunigung. »Das ist eine der kraftvollsten Positionen, die ich jemals gesehen habe«, sagt Mike Austin, einer der erfahrensten Golflehrer, der auch im »Guinness Buch der Rekorde« steht wegen des längsten Drive, den es jemals gegeben hat.

Tigers Schlägerkopfgeschwindigkeit steigt – sogar noch mehr, wenn er sich vom rechten Fuß abstößt.

Tigers Schlagfläche ist genau gerade zum Ball und nähert sich dem Treffmoment in einem flachen Winkel für einen Schlag mit dem Eisen 7. Er kann nicht anders, als den Ball genau in dem Moment, wo der Schläger nach oben schwingt, zu treffen. Es kann einfach nicht besser werden. Um den Slogan seines Sponsors *Nike* zu gebrauchen: »Just do it!«

Gegen eine feste linke Seite zu schlagen, hilft Tiger, einen soliden Kontakt herzustellen und den Schläger durch den Ball zu schwingen.

Erst nach dem Treffmoment läßt Tigers rechte Seite vollkommen los und zeigt weiterhin, daß er gegen eine feste linke »Seitenwand« geschlagen hat.

Tigers entspannte Endposition zeigt, daß er »innerhalb sich selbst geschlagen hat«, obwohl er eine hohe Schlägerkopfgeschwindigkeit erzeugte.

Register

(Die kursiven Seitenangaben verweisen auf die Abbildungen im Text.)